Wolfgang Stephan

Die Unruhe des Uhrmachers

Wolfgang Stephan

Die Unruhe des Uhrmachers

und andere denkwürdig sonderbare Geschichten

Erzählungen

Heiner Labonde Verlag

ISBN 978-3-937507-88-0
Zeichungen: ©Wolfgang Stephan

Gestaltung: Antje Zerressen
Printed in Germany

Inhalt

XII
Die Unruhe des Uhrmachers
Zeit

Die Unruhe des Uhrmachers

1

Vor vielen Jahren, als die Haustüren und Fenster im Dorf in einem harten Winter völlig zuschneiten, erzählte man sich in den warmen Stuben die Geschichte eines Uhrmachers aus der Nachbarstadt. Alle hörten andächtig zu, denn es war schon eine sonderbare Sache, die dem Uhrmacher passiert war.

Unten an der Mündung des kleinen Flusses sammelte er häufig große runde und auch flache Steine für Uhrgewichte. Weil er nicht nur goldene Uhren machte, sondern auch althergebrachte mit einfachen Gehwerken. Bei seinen Wanderungen mit Stock und Brotbeutel verweilte er dann lange vor den Toren der mehrtausendjährigen Stadt. Im Gnadental und wie sich die schönen Flecke sonst noch nannten!

Und wenn es windstill war, nahm er aber auch den einen oder anderen der Flachsteine und ließ ihn wie einen Frosch über den großen Strom vor der Mündung des kleinen Flüsschens springen. Falls es ihm dann auch noch Spaß machte, blieb oft nur ein einziger Stein seiner Sammlung übrig. Mal eine Achatscheibe oder ein weißer, geschliffener Quarzit. Dann wurde die bestellte altmechanische Uhr leider nicht so schnell fertig, und ein schlechtes Gewissen hatte er auch.

In seiner Werkstatt hingen und lagen etliche, eigentlich unzählige Uhren, unfertig, zerlegt, tickend, schlagend und mit der Zeit auf alle möglichen Arten verwandt.

Vorn an der Hoftür hieß es: Ernst A. Schmied – Uhrmacherei und Reparaturen. Das A stand, wie er behauptete, für Anachronos, den Unzeitgemäßen. Tiefer Eingeweihte wussten aber, dass er Antonius hieß. Jeder, der dort hinkam, mochte also glauben, ein aufrechter, aber ernster Handwerker mit Lupe und Pinzette würde oben in der Werkstatt rumoren. Oder war der Name Schmied etwa das Zeichen einer unbekannten groben Wahrheit?

2

Nein, nein!

Ernst A Punkt S Punkt bemühte sich redlich, es allen recht zu machen. Aber es fiel ihm auch auf, dass er selbst deshalb oft zu kurz kam. Seine Frau Lisa, die ehemalige Handarbeitslehrerin, mied seine Werkstatt, weil das geordnete Chaos, das Ernst zuweilen Chaosmos nannte, ihr sehr widerstrebte. Sie war tagsüber lieber noch als Aushilfe in einem Krümelladen tätig. Dort konnte sie Wolle, Stricknadeln, Weizenschrot, Kümmel und Henna nach Belieben ordnen und an die Frauen der Nachbarschaft bringen. In einem Krümelladen eben!

Ein Mann wie er, eingebaut als ruhiges Rädchen zwischen Pendel und Unruhe der Zeit, war durchaus beliebt in Vereinen der Stadt. Er konnte ja zuhören, wenn andere von Zeitläuften und Geschichten erzählten. Gelernt hatte er so etwas beim Hören auf die feinen Geräusche, auf den Gang der Dinge, auf die Schläge des Herzens, auf das Ticken der Uhren. Einmal hatte er beispielsweise berichtet, wie für ihn durch Mischplomben im Gebiss ein direkter Empfang des Signals der Normalzeit eines nahen Radiosenders möglich würde. Oder von Radio Norddeich oder gar aus Braunschweig? Alle glaubten ihm die scheinbare Mär sogar, weil seine umgebauten oder operierten Uhren völlig genau gingen und zuweilen auch einen sehr harmonischen Klang erzeugten.

Ernst A. Schmied hatte zudem auch eine Grille im Haus, ein Heimchen, wie man sagt. Und der antike Wasserhahn am Ausguss tropfte in stetiger, äußerst penibler Zeitfrequenz, mit der man die Standuhren ebenso einstellen konnte wie seine Erbsenuhr. Alles Zeugs, was einen fast genialen Uhrmacher auszeichnete!

3

Ja! Und die Erbsenuhr! Die war etwas Besonderes.

Eine Entwicklung früherer, ungestümerer Jahre, als er sich noch als unbegrenzter, überirdischer Erfinder wähnte. Aber keiner wollte das Maschinen-Unikum erwerben, so dass es ihm und seiner Frau in einer längst vergangenen, schlechten Zeit mit den 3600 Erbsen dieser Uhr wenigsten für zwei komplette nahrhafte Mahlzeiten reichte. 3600 Erbsen gingen auf ein Kilo, und 3600 Sekunden zählte man in einer Stunde.

Die Grille, das sollte noch gesagt werden, hatte sich vor langer Zeit bei ihm eingenistet – irgendwo in einer Spalte zwischen Ersatzteilkommode und dem feurigen Elias, dem allesbrennenden Ofen – auf dem ständig der Knochenleim für die Reparatur von großen, hölzernen Uhrenkästen köchelte. Die Grille gab Tag und Nacht unbeirrbar ihre Frequenz zum Besten. Auch wenn der Leim zischte oder mal Sauerkraut gekocht wurde!

Schlechte Zeiten hatte es doch immer gegeben. Für Uhrmacher blieb dann nicht viel Zeit zum Erfinden und Basteln. Jede Arbeit musste Ernst mit Ernst annehmen, um sich und die Seinen durchzufüttern. Da gab's die Pegeluhr im Hafen, die Turmuhren der Kirche, des Münsters und im Rathaus und alle möglichen Thermometer und Barometer in und an Geschäften und Apotheken als Ersatzliebe. Und natürlich auch alle Chronometer und Zeitzeichen im Schloss, das man so prächtig hingestreckt und gepflegt vom Kirchturm aus in einem riesigen, paradiesischen Garten sehen konnte.

Die Hacken lief er sich schief für ein paar Pfennige. Von Drogist zu Drogist wegen der Barometer! Bei den Optikern warteten auch noch die Hygrometer. Welch ein Leben in jenen Zeiten!

Und da waren übrigens auch noch die Uhren seiner Mitmenschen, ihre Unruhe, ihre Gesichter und Zeiger. In jenen Zeiten hatte er sich in seinem alten Haus bis in jeden Winkel ausgedehnt und verkrochen zugleich. Und er hatte glücklicherweise seine Sorgen und Sehnsüchte nicht in Bier und sonstigen Alkoholika ertränkt, sondern sie eher mit den Uhren geteilt, wenn sie mit dem Maß der Zeit nicht zurecht kamen, und ihnen dieses besondere Leben wiedergegeben: Aktualität, Genauigkeit, Treue ...

4

Am Sonntag nahm er sich natürlich auch die Zeit, auf die Turmuhr zu hören. Am Stammtisch legten der Lehrer, der Ratsherr oder der Autohändler manchmal eine Taschenuhr oder eine Digitaluhr zur Diagnose vor. Während er dann beispielsweise den Springdeckel öffnete oder die wackelige Krone des Aufziehmechanismus kontrollierte, palaverten die anderen von guten und schlechten Zeiten. Jeder nach seiner Facon mit Übertreibungen, Unterstellungen, Besserwisserei und auch mit Humor, so wie es die Umstände erforderten.

Nur bei der Turmuhr der Pfarrkirche war es etwas anders. Weder der Küster noch der Pfarrer begleiteten ihn, wenn der Tag nicht mit dem Stundenschlag harmonierte oder die Gebete und Predigten zur falschen Zeit aufgerufen wurden. Ernst Anachronos ging die Stufen des Turms schon viele Jahre hinauf. So in den Jahren seiner frühen Ehe, während des Krieges und natürlich auch zu Friedenszeiten. Und später auch! Ach, du liebe Zeit: wie oft!

Manchmal versuchte er, die Zahl der Stufen im Turm zu ritualisieren. Sie mit der Stundenzahl des Tages, mit den Daten von Monat und Jahr zu multiplizieren. Oder so! Und wenn er dann dort oben – dem Himmel gar nicht so nahe, wie es eigentlich schien – zwischen Schlagwerk, Glocken und Antrieben der Zeiger stand, puzzelte er mit der menschlichen Technik an den menschlichen Maßen der Zeit und der Zeitalter.

Wie viel mehr Kraft erforderte aber die Umstellung der Uhren dort oben auf die Winter- und die Sommerzeit! Das war kein Puzzle. Er gewann dabei für alle Mitmenschen um sich herum, bis weit ins Land hinein, so weit man vom Turm sehen konnte, an einem dieser Tage der Zeitumstellung eine Stunde, eine ganze lange Stunde im Tageslauf hinzu, so als wäre doch Zeit vermehrbar. Aber sie ging ja später wieder verloren. An einem bestimmten Tage wiederum mit zwei, drei anstrengenden Hebelzügen war halt wieder ein anderes Gleichgewicht eingerichtet.

Der Blick nach dieser Arbeit lief über die Dächer, die Bäume, die Wiesen, die Höfe, das Schloss, den Park, die alle ohne Zeit da lagen, sich sonnten oder auch nicht und irgendwie sorglos dahin lebten. Die Blätter der Bäume kannten nur Tag und Nacht. Und der Gärtner im Schlosspark stand auf, wenn es die Sonne gebot. Ihm folgte ein Hund gänzlich ohne Programm. Und dem ging es wie den Dächern, den Bäumen, den Wiesen und so weiter. Er kannte nur Tag und Nacht.

Die Köchin im Schloss holte sich Gemüse und Kraut, so wie die Sonne stand und, wenn es regnete, eben auch mal etwas später. Und der König erhob sich von seinem breiten, roten, purpurroten Bett, wenn es ihm beliebte. Heute jetzt! Morgen später! Und übermorgen gar nicht!

Das konnte Ernst A. Schmied genau sehen, wenn er pflichtbewusst im Kirchturm werkelte. Er sah, dass das so geschah an jedem Arbeitstag, der ihm allerdings flink die Zeit zur Muße stahl. So keimte in der Höhe des Turmes allmählich der Wunsch, es denen im Park, im Treibhaus, ja im Schloss sogar gleich zu tun. Zeit zu haben. Ohne Zeit zu leben. Am besten eben König zu werden!

5

Die springenden, hüpfenden Steine an der Flussmündung, die seiner Hand entglitten, beschrieben mit ihrem Flugsprung eigentlich den Weg, den er nehmen sollte, um seinen Wunsch zu verwirklichen. Große Sprünge! Schnell ins Ziel! Und weite Kreise ziehend!

Er kehrte nach dem Gottesdienst in seine Werkstatt zurück. Recht eilig tat er das, weil seine Frau noch nicht mit dem Mittagessen fertig war. Und wie gerade in der Kirchturmuhr getan korrigierte er alle gehenden, betriebsfähigen Uhren im Laden und stellte sie auf 12 Uhr ein. Die hohe Zeit, *high noon,* wie die Amerikaner sagen, dachte er. Dann strich er gedankenverloren über das Schneckenfossil der Clymenia undulata, das mitten auf dem Zahltisch neben der Kasse stand. Er hatte es immer als Symbol seines Gewerbes angesehen, sich aber nicht getraut, auch das Firmenschild so gestalten zu lassen. Die Schnecke, die versteinerte, als Symbol der unendlichen Zeit.

Was war dagegen schon die moderne Zeit, die er mit den kleinen Krümelbatterien aus Quecksilber in Uhren abfüllte. Und wie traurig wirkte erst die Sonnenuhr im Hof bei Nacht. Und wie schnell war das Maß der Zeit so flüchtig und zerronnen, wenn die Sanduhr zur Ruhe kam. Die Schnecke im Stein nahm ihn auf besondere Weise in ihrer Spirale auf.

Zeitlos. Endlos.

Zum Leidwesen seiner Frau hatte er das Haus bis in alle Winkel mit Werkzeug und Büchern und anderem zeitlosen Krimskrams ausgefüllt. Sogar der Staub auf Pendeluhr, Sonnenstein und Meteorit wurde von ihm als Zeichen der Zeit akzeptiert. Und immer wieder hatte er genüsslich die Schilderungen der Pendelversuche Galileo Galileis im Pisanischen Turm gelesen. Dabei kam zu ihm ganz langsam und leise immer das Gefühl für die

Zeit wie ein müder, treuer Hund zurück. Aber eigentlich wollte er zeitlos sein, denn er fühlte sich von seinem Beruf bestraft.

6

Im Rathausturm gab es ähnliche Aufgaben wie im Kirchturm. Doch ein wesentlicher Unterschied betraf den Abstand zwischen Wirklichkeit und Ewigkeit. Im Rathaus legte man nur Wert auf die genaue Zeit für Arbeitsbeginn, Feierabend, Steuertermine und Ladenschluss. Und Ernst A. Schmied sah dann auch, wie der Bürgermeister und seine Vasallen gebückt zum Schloss eilten, um sich, wie sie es nannten, miteinander abzustimmen.

Die normalen Kirchgänger bewegten sich dagegen eher auf den Wegen der Vergänglichkeit und warfen nur ab und zu einen verstohlenen Blick auf die hohe Uhr im Rathausturm, um sich vielleicht für den Frühschoppen und das Vereinsfestessen zu sputen.

Wenn Ernst am Sonntag dann mit seiner Frau zu Tisch gesessen hatte, sprach man auch über die vergangene Woche und plante die kommenden Tage. Sie, die Lisa, ermunterte ihn zu mehr Ordnung und Genauigkeit und gleichzeitig auch zur Mahnung säumiger Kunden. Es würde Zeit, dass sich etwas in seinem Leben änderte, bestimmte sie recht deutlich.

Am Nachmittag gingen sie gemeinsam an die Flussmündung, um die Gezeiten der Staustufen und Wehre zwischen dem kleinen Fluss und dem großen Rhein zu verfolgen. Sie kamen gerade zurecht, um das ablaufende Wasser in einem Glas einzufangen und ein paar Gewichtssteine aufzusammeln. Trotz dieser Beschaulichkeit, die die Umgebung auf ihn und sie ausgoss, spürte er seine Unruhe.

Einem Uhrmacher geht das wohl immer so!

Schon dem ersten Kunden am nächsten Morgen versuchte er im plaudernden Ton klarzumachen, dass etwas geändert werden müsste. Renten, Postgebühren, Notgroschen, Zinssätze, Feuerwehrmelder. Aber der Kunde hörte nicht zu. Und er war offenbar recht froh, den Laden auch schnell wieder zu verlassen.

Und dieser Montag hatte wie üblich einen Abend, an dem regelmäßig der Treff des Literaturzirkels stattfand. Der eine las seine Frühlingsgefühle vor. Die Frauen verdiskutierten einen Leitartikel über Theaterfestspiele in

Dingsda, Posemuckel und Schilda. Und die, die wie Ernst A. Schmied bei ihren heißen Eisen, so genannten Gewissensangelegenheiten, geduldig und schweigsam zuhörten, begannen gegen Ende des Zirkels auch noch über Fußball zu fachsimpeln. Gerade konnte unser Ernst noch sagen, dass wohl und eigentlich ganz bestimmt was zu ändern wäre, aber es wollte ihm schon keiner mehr zuhören. Zu viele Worte waren gefallen.

7

Am Dienstag, der ja zeitgemäß auf den Montag folgte, reparierte er emsig die Kuckucksuhr. Sie war ein Urtyp, der sich immer wieder einer rationalen Betrachtung entzog. Schmied konnte sich konzentrieren, wie er wollte, und trotz aller Anstrengungen, trotz genau tarierter Gewichte gelang es ihm nicht zu verhindern, dass diese Uhr rückwärts ging. Der Zeitverlust, der diese Uhr betraf, sie erfüllte und antrieb, beherrschte plötzlich auch ihn. Und so fand er sich unversehens im Literaturzirkel vom Vorabend wieder. Er hörte also die anderen und sich selbst wie in einer Aufführung.

Und als er in diesem Moment das Pendel anhielt, war er wieder im Dienstag. Dieses Experiment wiederholte er mehrmals, immer mit dem gleichen Ergebnis. Und der Eindruck des Montagabends blieb auch heute noch am Dienstag so, wie es sich ergeben hatte – wie weh es doch tat, wenn ihm partout keiner zuhören wollte.

Als er sich am Abend im Kleintierzüchterclub mehr aus Langeweile als aus Passion zu den Biertrinkern setzte, konnte er endlich unter 8 oder 10 Augen seine Wünsche nennen. Bei den Hasenfreunden, Kanarienvogeltrainern, Schildkrötenerziehern und Meerschweindompteuren!

»He, du Zifferblatt«, hatten sie ihn hier zuvor recht freundlich begrüßt.

Ernst erklärte dann den Leuten, wie sie wenigstens an diesem Abend die Hast ablegen sollten. Und den Ehrgeiz. Muße sollte man einkehren lassen. Mal die Beine unterm Tisch ausstrecken!

»Hört den Uhrmacher!« lachten sie über ihn.

Und er antwortete, sie sollten sich schon daran gewöhnen, dass er mal König werden wollte und dass sich dann einiges ändern würde.

Es begab sich aber auch, dass er an diesem schon mehrfach mit der Arbeit an der Kuckucksuhr unterbrochenen Dienstag in aller Frühe von

einem Boten aus dem Schloss aufgesucht wurde. Der Bote trug eine unförmige Pendule auf ausgestreckten Armen. Schwer atmend kam er die Stufen in den Laden hinauf, wo Ernst, der Anachronos, noch im Morgenmantel eiligst die Strähnen ungekämmten Haars aus Gesicht und Brille strich.

Der König wäre, so keuchte der Bote, nicht nur an einer Restaurierung, sondern auch an einer zeitgemäßen Justierung und Änderung im Sinne vom Weltlauf interessiert. Er sollte einen Vorschlag machen und am Nachmittag damit im Schloss vorstellig werden.

8

Schmied packte später seine aufgenordete Kuckucksuhr ein und lief zur angegebenen Stunde zum Schloss. Und er ertappte sich sogar, pünktlich sein zu wollen, obwohl er eigentlich an seiner Macht über Zeit und was noch arbeiten sollte. Macht durch Zeit oder auch durch Unzeitgemäßes? Mit diesem eigenen Hader heftig umgehend erreichte er währenddessen das Schlosstor, bekam auch Zutritt und konnte nach eingehender Visitation im königlichen Sekretariat vorsprechen.

Von zwei feierlich gekleideten Bediensteten begleitet, wurde er ins Studio des Königs geführt. Und schon war er seinem Wunsch ganz nahe, zu erfahren, wie Könige lebten und strebten. Denn er wollte natürlich viel auf einmal lernen, um selbst König zu werden! Wie erschrocken war er deshalb, als er in diesem majestätischen Kabinett auf einem schnörkellosen, blankgescheuerten Tisch einen Aktenstoß und ein Regiment bunter Zinnsoldaten, einen digitalen Taschenrechner und kugelig zusammengerollte Hosenträger liegen sah. Und es stapelten sich dort offenbar auch Rechnungen neben einer Schale mit Zuckertütchen und -stückchen, die die Adressen bekannter Kur- und Badeorte trugen.

Und hinter diesem Tisch saß auf einem übermäßig vergoldeten, prunkvoll geschnitzten Stuhl sowie auf federlassenden, schäbigen Kissen im Morgenrock mit Brokat: der König.

9

Ernst hatte ihn ja dort schon von Ferne bei seinen Türmerarbeiten im Kirchturm gesehen, jedoch nie tiefere Einblicke ins königliche Kabinett und die Gewohnheiten gewonnen. Aber dass dieser Fürst ein Lupenglas, das auch er für Feinarbeit benutzte, in den Augenwinkel geklemmt hatte, wunderte ihn doch sehr.

Sie eröffneten das Gespräch zugleich mit *Guten Tag*, und während der König *Meister* sagte, rief Ernst A. Schmied *Majestät*, und es klang wie ein Wort. Deckungsgleich!

Dann begann Ernst davon zu berichten, wie er versucht hätte, die Pendellinse der Pendule zu justieren, am Grahamgang zu arbeiten, aber dabei irgendwie mit der Astronomie des Schlosses nicht zurecht gekommen wäre. Er wollte jetzt nicht unbedingt sagen, dass sich im Schloss nicht alles um die Sonne drehte oder so, aber gedacht hatte er das irgendwie schon.

Der König nickte, hörte zu, schürzte den Mund, legte den Kopf mal in die eine Hand, dann in die andere und sagte schließlich, man habe so viele Uhren, es komme auf die eine Pendule gar nicht an. Obwohl, wenngleich, zwar und aber.

Na ja! Endlich wagte Ernst A. Schmied dann noch zu sagen, er würde einen Tausch anbieten wollen. Nämlich die Kuckucksuhr anstatt der Pendule! Und er packte das Ding also sogleich aus dem Pack- und Zeitungspapierberg aus und hängte den Kasten an den goldenen Kleiderhaken für das königliche Barett.

Dann erklärte er, wie diese mit den Steingewichten betriebene Zeitmaschine arbeitete, aber einen kuriosen Fehler besonderer Art aufwiese. Als er jedoch noch erläuterte, man könnte damit sofort in die Vergangenheit gleiten, wenn man sich mit dem Zeigefinger nur ihren Zeigern anvertrauen würde, fiel dem König das Lupenglas vom Auge. Die Diener traten mit verschränkten Armen an den Tisch, weil sie Verrat witterten.

E. A. Schmied bewahrte jedoch die Ruhe, als er merkte, wie peinlich der Vorfall dem König war. Konnte ein König so kleinlich sein, etwa etwas nicht begreifen, gar Ängste haben? War das ein König, dieses beleibte Männlein inmitten der zeitlosen und dennoch unzeitgemäßen Pracht?

Schließlich versprach Ernst doch noch, die Pendule einer erneuten, genauen Prüfung zu unterziehen und den Reparaturpreis telefonisch durchgeben zu wollen. Und der König war wohl damit zufrieden, weil er Ernst zuvorkommend und beidhändig beim Verpacken der Kuckucksuhr half.

10

Lisa schalt ihren Mann nicht zu Unrecht einen ausgemachten Revolutionär. Und er widersprach ihr aber heftig, denn er wollte ja selbst König werden. Sein nebelhafter Wunsch hatte sich indes verstärkt, seit er auf dem Rückweg die Schlossgemächer, die Halle der Audienz beflissen passiert hatte und die devoten Gesichter all der wartenden Bürger sah. Das war vielleicht ein Gefühl, wenn man es bedachte und so weiter ...

Er sagte seiner Lisa klipp und klar, dass er den Finger am Zeiger der Geschichte hätte und ihn auf keinen Fall mehr zurückziehen wollte. Seine Abendruhe verbrachte Ernst diesmal nicht zu Hause, obwohl Weib und Uhren unbedingt der Pflege bedurften. Aber überzeugt, ja besessen von seinem Zukunftstraum, ritt ihn an diesem Abend schon ein kleiner Teufel.

Aber noch nicht der richtige Königsteufel!

Ernst spazierte allein zum Feuerwehrball. Sowohl beim Quarter Dance als auch bei der Polonaise stampfte er wie ein Uhrwerk, aber nur unterm Biertisch. Dann, als Rock und Tango angesagt waren, kamen einige Bekannte vom Parkett an seinen Tisch. Sie fragten ihn, ob er sich amüsiere und noch mehr. Und er ergriff geschwind den Faden, den sie ausgelegt hatten. So sagte er daher, wie wenig Amüsement das tagtägliche Leben mit sich brächte. Und er, er trüge ja nicht umsonst den Vornamen Ernst.

Danach spielte man noch den Frühlingsstimmenwalzer, den Marsch der Königstreuen und das Lied der Seemannsbräute. Ernst tanzte auch dann immer noch nicht, als endlich die SzieänddabbeljuhSongs, die Country-Schwänke, fast alle auf den Tanzboden lockten. Dem einen oder anderen, auch den Mädels, hatte er zwischendurch in Brocken von seinen Hoffnungen auf ein besonderes, neues Leben erzählt. Keiner hatte aber die Geschichte ganz mit angehört und noch dazu auch ernst genommen. Kurz nach Mitternacht ging er deswegen etwas verstört heim und fühlte sich unverstanden.

11

Am nächsten Morgen stürmte es vom Meer, dem Atlantik, in die Region des Niederrheins so sehr, dass die Zeiger auf der seezugewandten Seite des Kirchturms aus ihrer Führung sprangen und eine völlig verkehrte Zeit anzeigten. Um neun Uhr hing dort oben die gleiche Zeit wie um elf Uhr! Prompt kam die Aufforderung aus der Rendantur der Kirche zur Reparatur. Es blieb also Werkstattarbeit liegen. Aber er gewann auf dem Weg zur Kirche doch etwas Zeit, um noch einmal über die Königswürde, die er anstrebte, nachzudenken. Und er tröstete sich mit dem Gedanken an einen langen, steinigen Weg bis zu diesem Gipfel. Irgendwann würde es besser werden und klappen!

Aber schon die Kirchentür erwies sich als widerspenstiger Partner.

Und dann die Stufen der Treppenstiege in den Turm ebenso! Sie zeigten ihm mit ihrem Ächzen, wie überdrüssig sie seiner waren. In der großen Übersetzung der Gewichtstransmission, stellte er dann fest, hatte sich der verschlissene Zipfel einer Kirchenfahne verfangen, so dass gerade das dem fernen Meer zugewandte Zeigerpaar dem Wind nicht mehr den nötigen Widerstand entgegenzusetzen wagte. Ernst stemmte sich in das ausgehakte Widerlager, stöhnte und haderte in kirchenunwürdigen Sprüchen mit dem Getriebe, bis er jäh vom schrillen Schrei des Turmfalken unterbrochen wurde.

Da riss die Fahne vollends an den Nähten zwischen Kreuz und Grundstoff auseinander und haspelte sich auf. Draußen rasten für alle weithin sichtbar die Tages- und Nachtstunden, von den rotierenden Zeigern getreu ihre Bestimmung durch die Gewichte der Zeit angezeigt, in wenigen Sekunden vorbei.

Und das Geläut, das durch Ernstens erschrecktes Festhalten am Glockentau gestartet wurde, ließ dieses Ereignis bis ins Schloss hörbar werden. Mit wahrscheinlich letzter Kraft stemmte er sich gegen diese Haspel, und die in völliger Verzweiflung aufgebrachte Kraft wirkte sich auf die Treppengeländer und die ersten beiden Stufen aus. Sie splitterten und brachen einfach weg.

Begleitet vom gellenden Schrei des Turmfalken rutschte er jetzt blitzschnell weg, ergriff das Glockenseil und noch eines der Turmgewichte und rauschte auf den Turmsockel zu. Sein Gewicht war natürlich für das gesamte Werk der Spindelhemmungen zu schwer, und so zerbrach manches. Als sich Ernst A. Schmied – in diesen Momenten seinem Namen etwas mehr gerecht werdend als sonst – vom allgemeinen Schrecken erholt hatte, schlich er sich beschämt und humpelnd in seine Werkstatt zurück.

War er heute doch erneut bestärkt worden, weder für das grobe Türmerhandwerk noch für den Feinmechanikerkram geeignet zu sein. Wahrscheinlich war er doch für Höheres geboren.

12

Da aber kam schon der bekannte Bote des Königs dahergelaufen. Und der bestellte den Uhrmacher erneut ins Kabinett. Nach der Teestunde wohlgemerkt.

Ernst blieb also nichts anderes übrig, als nun geschwind und gründlich die Pendule nach den Regeln der uralten Zeitkunst Stück für Stück zu zerlegen und zu reinigen. Er feilte ihr die Zähne und richtete den Gang und spannte das Torsionsgetriebe in jenem Rhythmus, den ihm seine Grille – hinter welchem Schrank oder Ofen auch immer – vorgab.

Und plötzlich klappte es. Die Pendule schlug die Viertelstunden, gab auch die Mondviertel preis und zeigte an, dass – wer hatte bisher daran gedacht! – in wenigen Tagen eine Sonnenfinsternis zu erwarten wäre. Eilig packte er das Prachtstück ein und tippelte mit ihm ins Schloss.

Nach der üblichen Zeremonie der Kontrollen stand der Uhrmacher vor seinem König. Sobald die Pendule an ihrem althergebrachten Platz wieder reibungslos und peinlich genau arbeitete, verschränkte der König unmajestätisch die Arme. Er nickte mit dem Kopf im Tempo des Uhrengangs und pfiff mit dem Stakkatorhythmus in fis. Eindeutig in fis! Und nach einer Weile wurde es tatsächlich die volle Stunde, und die Pendule schlug. Weiterhin pfiff der König genüsslich den Glockenschlag d fis a. Abwesend. Versunken und verträumt, wie es schien.

Dann jedoch, als die fünfte Stunde gänzlich ausgeläutet war, wandte sich der König an Ernst A. Schmied.

Er streckte ihm den goldberingten Zeigefinger auf die Brust und sagte gebieterisch: »Mir hat, Herr, Ihr augenscheinliches Unvermögen bei der

Kirchturmreparatur und der gesamten Verwaltung doch sehr zu denken gegeben. Die Staatshoheit ist mit dem unnötigen Ausfall der Zeit verletzt worden. Und Ordnung und Recht wurden damit in Frage gestellt.«

Nach einer längeren Denkpause, bei der der strafende Zeigefinger immer noch auf Ernstens Brust ruhte, bestimmte der König, Ernst hätte bis zur völligen Herstellung der Turmuhr jede Nacht ab Null Uhr in der Stadt die Uhrzeit zu jeder vollen Stunde auszurufen.

Er sagte das majestätisch, drehte sich auf dem Absatz um und schlurfte mit seiner roten Robenschleppe in seinen Uhrensaal zurück. Schmied stand lange, bis ihn der Diener mit erheblichem Druck aus dem Schlosstor bugsierte. Während des Heimwegs keimte nun doch gewaltiger Ärger auf.

So durfte doch kein König reagieren! Es wurde Zeit. Es wurde höchste Zeit!

Er musste diesen König unbedingt ablösen. Vielleicht konnte man nach dessen Sturz auch einen König auf Zeit einführen. Er, der Zeitgenosse im eigentlichen Sinne, wollte das schon richten. Ein Programm machen. Den Leuten zuhören. Problemen nachgehen. Sie lösen. Und so weiter. Und auch durchaus als König auf Zeit wollte er weise handeln. Sollten sich, wenn's nicht klappte, auch andere Naseweise oder so eine blutige Nase holen.

13

Ernst war von diesem Tage an nicht mehr zu Schabernack aufgelegt. Seine Frau reagierte nur mit einem langen Kopfschütteln und dem lakonischen Satz: »Ich hab' das kommen sehen.«

Solcherlei Trost hatte Ernst nicht erwartet. Er wollte sich ja wehren, aber wenn ihn schon die eigene Frau abgeschrieben hatte, wie mussten andere erst darüber denken?

Und tatsächlich geschah es auf dem Weg in den Skatclub, der immer am Mittwoch auf dem Programm stand, dass die Leute riefen: »Sag' mal, was machst Du denn ständig im Schloss?« Oder es lautete auch: »Uhrmacher müsste man sein!«

Er glaubte nun doch, dass das Ganze erklärungsbedürftig wäre, und nutzte den Skatabend zum Gespräch über Reformen, Schulsystem und Beamtengehälter.

Und all das Lamento endete natürlich mit der Bemerkung: »Wenn ihr mich zum König machen würdet, dann würde alles ganz anders.«

Paul, einer seiner Skatbrüder, antwortete dazu trocken: »Nun leg' schon den Kreuzkönig rein, wenn wir aus dem Schneider kommen wollen!«

Kurz vor Mitternacht erschien auch der bekannte Königsbote im Lokal, um die Befolgung der königlichen Order zu überwachen. Deswegen blieb Ernst nun wirklich nichts anderes übrig, als alle Buben und Könige im Stich zu lassen. Versprechen und Befehle hatten einen höheren Stellenwert als noch so spannende Spiele! Seinen Lodenmantel warf er sich über und nahm das Horn und schritt den ihm befohlenen Weg ab. Vom Goldenen Ross zum Rathaus, dann zum Spritzenhaus, am Kirchtor vorbei bis zum Genossenschaftshaus. Und überall hielt er inne, um mit gemäßigter Stimme den Spruch zu rufen:

Unser König hat's befohlen,
Uns die Stunden oft gestohlen.

Aber mit der Zeit erwachen,
Nicht den Mond verlachen.

Mit der Sonne sich erheben,
In Morgenstrahlen sich verweben.

Null! schlägt jetzt die Uhr,
Ach, für die Sekunde nur.

Und stille steht die Zeit.
Schläfer, Träumer: S'ist soweit!

14

Mit jedem Halt wurde sein Wille mehr und mehr gebrochen. Er kehrte dann irgendwie verstört in die Werkstatt zurück, um die erste Stunde des neuen Tages allein abzuwarten. Und er verglich die Uhren, die zu ihm gekommen waren, auf welchen Wegen auch immer, und fand, dass nicht eine, ja wirklich nicht eine zu gleicher Zeit mit der Zeit der anderen übereinstimmte. Offenbar hatte er sich immer getäuscht. Keine hatte die richtige Zeit. Keine beherrschte die Zeit.

Kurz vor ein Uhr trat er wieder den Weg an, um auch diese Stunde auszurufen, in der vorgegebenen Reihenfolge vom Goldenen Ross bis zum Genossenschaftshaus.

Um zwei Uhr in dieser Nacht war es nicht anders als um drei oder um vier. Und nach sechs Uhr endlich streckte er sich völlig ausgehöhlt und apathisch auf seiner Bank am Ofen aus und schlief schlagartig ein.

Erst der Duft von Assamtee und Gebäck aus dem Krümelladen machte ihn wach. An eine ertragreiche, handwerkliche Tätigkeit war an diesem Tag gar nicht mehr zu denken. Aber es bestärkte ihn, die Verquickung von Macht und Willkür, wie er seine Lage augenblicklich empfand, noch intensiver zu überdenken. Auch die Königswürde auf seinen Schultern wollte er weiter betrachten. Warum sollte nicht ein Uhrmacher, der mitten in der Zeit stand, zum König berufen werden, wenn sich in den Nachbarrepubliken Tischler, Elektriker und Sattler zu Präsidenten erhoben?

Um seine denkbar langen Leiden als Zeitgeist und Zeitansager und Zeitgenosse in den kommenden Nächten zu verkürzen, rannte er noch mit Gebäckbissen im Mund und mit allem nötigen Grobwerkzeug in der Hand zum Kirchturm und begann in Erinnerung an die Ermahnungen seiner fast vergessenen Lehrmeister, die allfällige Reparatur der Turmuhr wieder aufzunehmen.

»Verteile die Gewichte richtig«, hatte einst der Meister Konrad gesagt.

So begann er mit dem Gehänge, den Ketten, dem großen Zahngetriebe und mit der vierfachen Zeigerübersetzung. Dieses Geschäft reichte schon bis in den späten Nachmittag. Und es wurde ihm dabei auch ganz eilig zumute. Denn die Runde der Schachfreunde erwartete ihn natürlich an der altbekannten Stelle im Apothekenstübl, wo es auch geistige Destillate zur Stärkung gab.

15

Es war die Runde der Schachspieler, in der auch der Hufschmied und der Installateur saßen, deren Hilfe er nunmehr benötigte. Aber diese

Entrückten während der Schachspiele zu stören war eine Sünde. So saß er erst still dabei, sah ihnen Zug für Zug zu und plante mit diesen Zügen auch seine Gedanken und Meinungen. Je mehr er den Rochaden und manchem Springeropfer zusah, umso deutlicher wurde der Eindruck von diesem hölzernen König. Der konnte niemanden schlagen. Trippelnde Schritte waren typisch. Selbst die Bauern waren irgendwie beweglicher als der König. Aber die Festungstürme fielen, und die Dame musste ihr Leben lassen. Dem alten König passierte aber nichts.

Nach der letzten Partie bat er zwischen zwei Glas Bier den Grobschmied, die notwendigen Stahlbänder für die gebrochenen Uhrwellen anzufertigen. Dem Installateur erklärte er mit schnellen Strichen auf zwei Bierfilzen die Reparatur der Messingräder und Zahnstangen, in die die vermaledeite Kirchenfahne wie ein Teufelsschwanz gefahren war. Und gerade noch rechtzeitig konnten sie sich für den nächsten Nachmittag verabreden, dann musste Ernst heimkehren.

Die Nachtzeit brach an.

Er wagte ja nicht, sich schon jetzt den königlichen Anordnungen zu widersetzen. Seine Zeit würde noch kommen, dachte er, während er sich den Lodenmantel und das Horn umhing. Seinen Rundgang konnte er freilich mit dem auferlegten Gesang auf wenige Minuten zur jeweiligen Stunde verkürzen. Aber die Stunden dazwischen, im Beichtstuhl der Kirche oder am Dichterbrunnen verbracht, waren keine Freude. Schon in der zweiten Nachtstunde nickte er ein, ohne sein Regierungsprogramm als neuer König zu Ende zu denken. Die nächtliche Kälte weckte ihn aber rechtzeitig, so dass er seinen Singsang mit notwendiger Variation vortragen konnte.

Als der Morgen graute – und es war ja nun schon Freitag – lag er halbangezogen oder halbausgezogen im Ehebett und schnarchte sich den Frust aus dem Halse. Zur Teestunde wiederum wurde er geweckt. Die Frau hatte ja allen Grund, ihn aufzurütteln, weil sie die Kasse im Laden leer fand. Nichts an Reparaturen oder neuen Uhren war verkauft worden. Und die Kosten liefen davon. Schuhwerk, Strom, Tee, Gewerbesteuer. Alles hatte seinen Preis.

16

Der Uhrmacher Schmied war nicht aufgelegt, seinen geheimen Trost beredt und ausführlich zu erläutern. Er sagte lediglich mit allerletzter Bestimmtheit, dass er des Königs überdrüssig sei und diese Geschäfte nun selbst in die Hand nehmen möchte. Ein König hätte sich um seine Untertanen redlich zu kümmern. Seine Sammlungen abzustauben, Diener für den Morgen und den Abend zu gängeln und dem Müßiggang die höchste Rangordnung einzuräumen, das konnte doch nicht die Profession eines Königs sein!

Der König im Schloss da drüben war denen im Skat oder Schachspiel durchaus ähnlich. Nur schwarz oder weiß orientiert und von den Buben und Damen abhängig. Ob nun Lakaien, Mitläufer, Minister, Bürgermeister oder Senatoren noch für den Tagesablauf in Betracht kamen: Sie konnten nicht besser sein als ihr König. Kreuzsieben blieb Kreuzsieben.

Frau Lisa wusste, als er ihr das alles lakonisch gewürzt auftischte, wie wenig ihr Mann der Strafe seines Herrschers gewachsen war. Nachts hatte er zu sehr gelitten. Die Kälte, die Einsamkeit mit der Zeitansage hatten offenbar schon besonderes Gewicht bekommen. Und noch skeptischer wurde sie, als er ihr bedeutete, er wolle sogleich zum Sitzungs- und Stiftungsfest des Karnevalsvereins gehen. Hinter der Maskerade des Karnevalsprinzen oder Königs und dessen Trosses wollte er die Partner oder mindestens die mündliche Unterstützung für seinen Herzenswunsch finden.

Der Mummenschanz war bereits in vollem Gange. Prunkfedern kitzelten Ernst in allen Teilen seines ungeschminkten Gesichts. Reich verzierte Dekolletés versperrten ihm – durchaus zu seinem Wohlgefallen – für längere Zeit den Blick aufs Festkommitee. Und Prinz Karneval und seine Narren regierten heftig. Ernst A. Schmied rollte sich heute jedoch mit ungewöhnlicher Geduld in die äußerste Saalecke und kam gerade zurecht, um der Stegreifrede des Obernarren zu lauschen. Der dozierte mit Eloquenz über die Freiheit der Rede mit närrischen Reimen auf Blut und Mut und Wut und Gut.

Schnell erkannte Ernst, dass er sein Anliegen in einer Pause, nur in einer Pause, an das fröhliche, wohlgestimmte Auditorium herausposaunen konnte. Mit rotem Kreppapier, Aluminiumstreifen und einem großen Küchensieb aus der Gaststätte überm Kopf verkleidete er sich zu einem hageren Narrenkönig. Ein paar Schminktöpfchen fanden sich noch auf der leeren Damentoilette, durch deren Farbtupfer er nach einer hastigen Schminkorgie tatsächlich dem Anspruch der Narrenzünfte genügen konnte.

In der Pause der sektgefüllten Musikkapelle raffte sich unser Uhrmacher nun auf, um auf eine wogende, unbekannte Menschenmenge ohne Klassen und Bildungszeichen einzuwirken. Er holte sich zu guter Letzt noch eine wildgeflickte Narrenfahne als Requisit. Als er dann da stand, durchzuckte es ihn.

Die da vor ihm mit dem Gleichmacher der Masken und Kostüme schunkelten, waren doch nicht etwa seine zukünftigen Untertanen? Ernst konnte nicht erkennen, ob nicht etwa der König eventuell auch unter ihnen war und gar das Bettelgewand trug. Um dem Volke aufs Maul zu schauen.

War der Kammerdiener etwa der Prinz? Und der Bürgermeister die Venus mit den Plastikbrüsten? Als er nun im Rednerfass stand, rief er dann wenigstens laut:

Grüß Gott, den König.
Es schert ihn wenig,
Dass hier Narren
Auf ihn harren.

Er liegt auf seinem Thron,
Viel zu lange schon.
Mein treues Herz
Empfindet Schmerz.

Hoja Hoja Ho!

Grüß Euch all ihr Leute,
Ihr Monarchenbeute,
Eure Lebenswerte
Haben lange Bärte.

Eure alten Zöpfe,
Ihr Narrenköpfe,
Werden abgeschnitten.
Dann habt ihr ausgelitten.

Hoja, Hoja, Ho!

17

Und ab hier hielt er den Mund. Denn es war ja gar nicht lustig. Keiner achtete auf ihn. Weil alle ähnlichen Unsinn auf der Zunge und im Kopf hatten, obwohl jeder glaubte, von Weisheit und Schläue befruchtet zu sein. Wie war dieses Volk denn überhaupt zu regieren? Wie mochte es erst in schlechten Tagen reagieren?

Mit den aus allen offenen Fenstern berstenden Musikfetzen stürmte Ernst A. Schmied aus der Halle und stand mit seinem Krepphemdchen und der Siebkrone auf dem Markt. Die Rathausuhr zeigte seinen Arbeitsbeginn zur Nachtzeit an, und er startete seine Runde mit den bekannten Versen:

Unser König hat's befohlen,
Uns die Stunden oft gestohlen.
Aber mit der Zeit erwachen,
Nicht den Mond verlachen.

Mit der Sonne sich erheben,
In Morgenstrahlen sich verweben.
Eins! Schlägt jetzt die Uhr
Ach, für die Sekunde nur.

Und stille steht die Zeit.
Schläfer, Träumer: S'ist so weit!

18

Diese schreckliche Nacht verging in Etappen. Hin und wieder kamen versprengte Narren auf seinem Weg an ihm vorbei und skandierten dann noch etwas vom Narrenkönig und seinem Kartenhaus. Aber es war ohne Zusammenhang und Sinn. Dennoch empfand Ernst eine gewisse Genugtuung, dass er dem byzantinischen Hexentanz entkommen war. Und zur Läuterung legte er um sechs Uhr noch einen Abgesang auf, weil er den Nachtgesang auf keinen Fall fortsetzen wollte.

Mit Hufschmied und Installateur schuftete er dann den lieben, langen Sonnabendvormittag im Turmuhrwerk der Kirche. Es gelang ihnen tatsächlich, noch vor zwölf Uhr alle vier Zeigerpaare zu richten und die Klöppel für den mehrstimmigen Glockenanschlag einzustellen. So war es möglich, dass an diesem Mittag – um Punkt zwölf Uhr – bei klarem Sonnenschein die Turmuhr endlich wieder einen volltönenden Glockenschlag zwölfmal und den Klöppeldreiklang für jedes Stundenviertel vollständig und wahrhaftig produzierte.

Die Feuerwehrsirenen begleiteten das mit ihrem Sonnabendgeheul. Und um ein Uhr tönte zusätzlich der Böllerschuss der Schützengilde, um endlich auch das Schützenfest einzuleiten.

19

Die Couch in der Werkstatt bot Ernst indes eine verdiente Ruhepause. Seine Uhren tuschelten noch lange über die Enttäuschungen, die ihm widerfahren waren. Sie beschlossen aber einstimmig, sich in Zukunft den Reparaturen nicht mehr zu widersetzen. Und selbst keine der Taschenuhren wollte sich ihm noch länger verschließen.

Hallo! Genau um fünf Uhr, pünktlich zur Teestunde, weckten ihn alle Uhren mit Schlagwerk zur rechten Zeit. Heute war ja Schützentag, und der ganze Zirkus um Schützenzug und Pferdekorso stand der Stadt bevor!

Ernst, der Uhrmacher, hatte den hohen Kragen angelegt. Frau Lisa hatte sich schon lange vorher hübsch gemacht, denn der Schützensonnabend war das Ereignis des Monats. Stolz gingen beide zum Festplatz. Und während die goldene Uhrkette an seiner Weste eifrig hin und her pendelte, nahm sich Ernst ein letztes Mal vor, mit seinen Schützenbrüdern über seinen Herzenswunsch zu sprechen.

Aber er kam nicht dazu. Eine Katze begleitete die beiden auf dem halben Weg, nachdem sie vorher von rechts nach links über die Straße gekreuzt war, und nahm Familie Schmieds ganze Aufmerksamkeit in Anspruch. Schon an den abgesperrten Straßen vor dem Festzelt gab's ein weiteres großes Hallo. Und es fielen beiden sonderbarerweise spontan die letzten fast verklärten Erinnerungen an den Ausflug zur Flussmündung beim Gnadental ein.

Welch eine letzte Gnade, denn schon wurden sie erbarmungslos von der Meute der Schützenfreunde aufgenommen und umarmt. Sogar Außenstehende erkannten, dass sie auch in diesem Verein wohlbekannt und willkommen waren. Und ein ganz unbestimmtes Gefühl beschlich Ernst, als er sich in den Zug der Junker, Schützengrenadiere, Hauptmänner einreihen musste. Verdammt noch mal, was stand ihm bevor?

Erstmals trank er mehr als üblich vom blonden Gerstensaft. Sobald er an der Reihe war, auf den Vogel zu schießen, machte er es jedoch mit der Ruhe, die ihm als Vater der Uhren, als Herr der Unruhe zu Eigen war. Er bemerkte deswegen nicht, wie die Reihen der Schützen kürzer und kürzer wurden und dass er schließlich fast alleine war – gerade als er sich selber einen neuen Abgesang vorsingen wollte – weil das feine, würzige Bier seine Wirkung tat:

Löse mir die Zunge
Wassersud aus Malz.
Stärke mir die Lunge
Gieße mir was Kalt's

Für die Hitze dieser Nacht,
Damit mein Rundgesang
Allen neue Freude macht,
Ein ganzes Leben lang ...

20

In diesem Augeblick war es so weit, der letzte zu sein, der den Königsschuss abgeben musste. Und er traf. Ja doch. Er traf. Der Vogel stürzte. Ein unbeschreiblicher Jubel wallte auf. Man nahm ihn bei den Rockschößen und an den Armen und hob ihn auf die alte hölzerne Königsschießscheibe, auf der der Eber – schon von der Saufeder angestochen – dem Schützenkönig noch spitzbübisch zuzwinkerte.

Uhrmachermeister Ernst A. Schmied wurde schon in wenigen Minuten zum Mittelpunkt des Abends. Sie, die ihn trugen, und die anderen, die eine Gasse um ihn bildeten, jubelten. Krampfhaft hielt er sich am schwankenden Schild fest. Bis ihm übel wurde.

Als Lisa sah, wie er seine Augen zu verdrehen begann, gab sie dem Adjutanten an der Spitze des Zuges den Wink, ihn abzusetzen. Bevor er den Boden mit beiden Füßen berührte, schoss die Böllerkanone sieben Inthronisierungsschüsse. Sieben Schüsse, weil damit auch der Sonntag, der siebte Tag der Woche, eingeschossen wurde.

»Es lebe der neue König«, riefen die prächtig Gekleideten, die Leute aus dem Literaturzirkel, die Freunde vom Kleintier-Züchterverein, die Feuerwehr, der Skatclub, die ganz vertieften Schachdenker, all die Narren aus der Karnevalshochburg und den zahllosen Biwaks und schließlich auch Frau Lisa vom Krümelladen.

Die Zeiger des Kirchturms liefen längst synchron mit Ebbe und Flut im fernen westlichen Meer, in dem sich die Wasser des Rheins und seiner Töchter und Söhne wie Neckar, Main, Mosel, Erft und Lippe vereinten. Und der verschlafene Schlosspopanz ohne Vornamen, einfach nur König genannt, stellte, als er die Böller hörte, die Pendule auf die Stunde Null, die sonst auf keiner Uhr verzeichnet war.

21

König Ernst Antonius Schmied, genannt Anachronos, hob in diesem Moment beide Arme. Während ihm die Wünsche nach Steuersenkung, Mitsprache, Amtstreue oder was sonst noch an Träumen für einen weisen Fürsten durch den Kopf flogen, sprach sein lächelnder Mund:

»Würden und Bürden!«

Der Installateur und Kupferschmied schritt auf ihn zu und behängte König Ernst mit der Schützengilden-Silberprunkkette und schmückte Lisa anschließend mit Glasperlen, Pfauenfeder und einem Emailschild aus Wiener Gold und Silberinlay.

Dann prosteten ihnen alle bis in den fernsten Winkel des Festplatzes mit Schabau oder schwarzem und blondem Bier zu und kehrten zur Tagesordnung zurück. Man tanzte. Man schwofte. Man schmuste. Man verlief sich auch bald. Und am späten Abend saßen Lisa und Ernst noch oben an der Festtafel im vollen Mondlicht wie die Statuen eines Kriegerdenkmals oder wie Mitglieder des Monuments zum Gedenken an Schiffbrüchige. Aber eine Sonnenfinsternis, wie sie sich auf der Pendule auf irgendeine Weise abgezeichnet hatte, war nicht eingetreten.

Langsam erhoben sich beide und gingen durch das Stadttor zur Flussmündung unten am Rhein. Das ablaufende Wasser im Geröll vor dem Zulauf kümmerte sich nicht um den Glanz des Vollmondlichts auf der Königskette. Auf den Schuhen blieb der Schaum des Wassers, das durch Mühlen und Kraftwerke gekrochen war, wie Spucke keck liegen.

Als Lisa ihn leise von der Seite mit

Majestät

ansprach und es nicht einmal ironisch meinte, sagte er nur: »Schade, schade!«

22

Ein starkes Volk, so ging es ihm dabei durch den Sinn, verdiente nur einen schwachen König. Und ein schwaches Volk einen starken König? Wofür hätte er sich entschieden, wenn die Böllerschüsse denn ...

Weiter kam er nicht. Die Kirchturmuhr vertraute dem trockenen Landwind aus der flandrischen und rheinischen Ebene um Mitternacht ihre Schläge an, und sie trieben klar und scharf abgegrenzt über den Fluss ins Bergische hinein. Er zählte unwillkürlich mit:

Eins und zwei und …

Drei schlägt jetzt die Uhr
Ach, für die Sekunde nur.

Und vier und fünf …

Aber mit der Zeit erwachen,
Nicht den Mond verlachen

Und sechs und sieben und die Acht …

Mit der Sonne sich erheben,
In Morgenstrahlen sich verweben

Und neun und zehn und elf und zwölf …

Und stille steht die Zeit.
Schläfer, Träumer: S'ist so weit.

Und dreizehn!

Dreizehn? Ja! Es war ein Schlag mehr. Also war es doch ein besonderer Tag, weil das Land offenbar einen Uhrmacher brauchte, der die Zeit verstand.

Ganz vorsichtig schob Frau Lisa ihre Hand unter seinen Arm und sagte: »Du bist mein König!«

Ja, so war's vor vielen, vielen Jahren. Es war einmal, aber nur einmal! Fast hätte man's vergessen, nicht wahr!

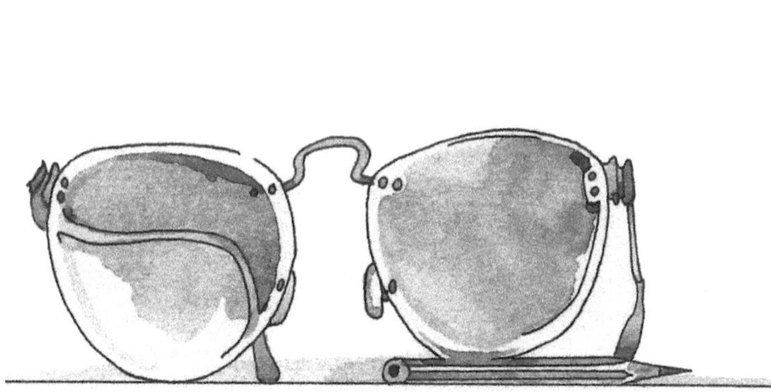

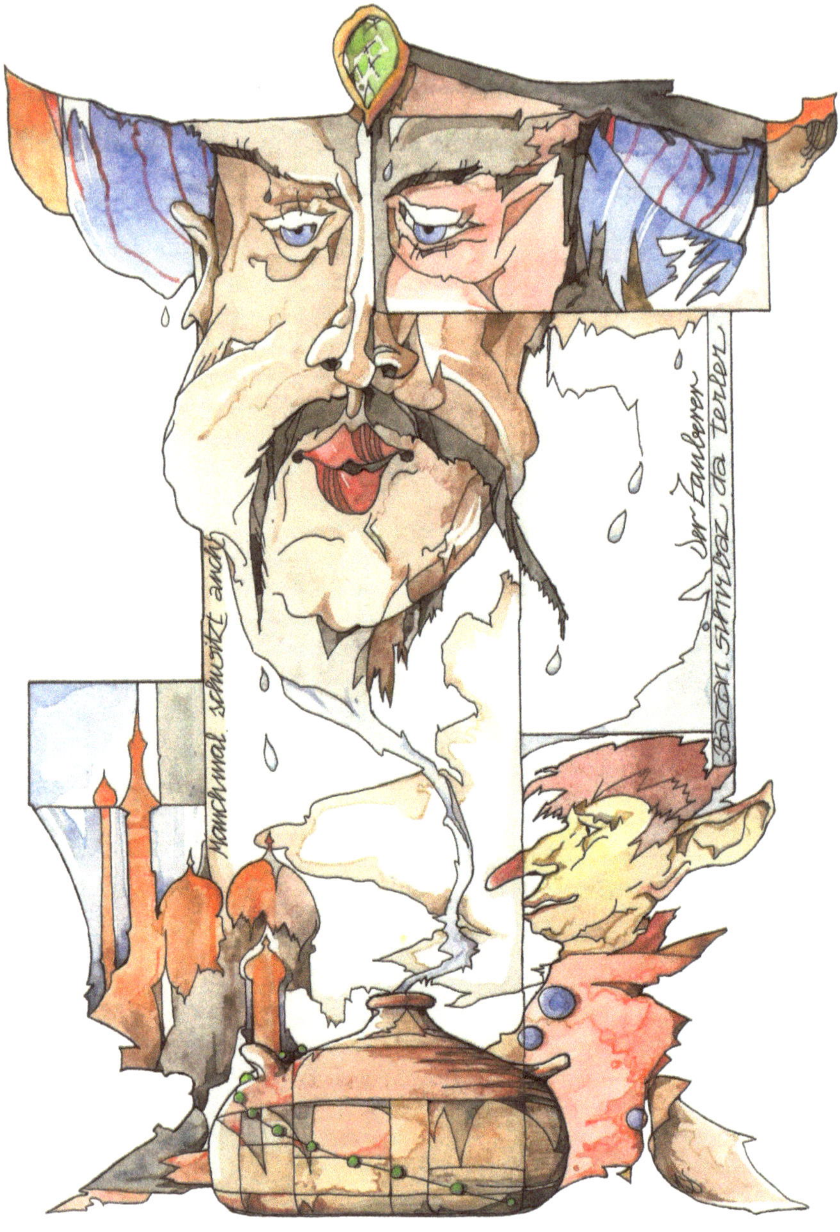
Manchmal schwitzt auch
der Zauberer
Baron Simrbaz da Terler

Manchmal schwitzt auch der Zauberer

1

Vor nicht allzu langer Zeit, als die große Krähenkonferenz auf den gelben Stoppelfeldern vor den Stadttoren stattfand, ereignete sich mitten in der Stadt unbemerkt eine besondere, sehr merkwürdige Geschichte.

Und es war wirklich niemandem aufgefallen. Weder dem Metzger, dem Jaromir B. gerade seine Lieblingsleberwurst abkaufte, noch dem Altwarenhändler, bei dem er die leeren Flaschen der letzten, fröhlichen Feste ablieferte. Nur die Stare hatten bemerkt, wie die Geschichte begann, als sie auf den Telegrafendrähten saßen, die an der Mansarde jenes Jaromir vorbeiführten!

Es rissen nämlich zwei Drähte, weil sich die neugierigen Stare so weit vorgebeugt hatten, um im schwachen Schein der Mansardenlampe dem komischen Jaromir über die Schulter zu sehen, wie er die Glückwunschkarten für Frühlingsopferfeste oder für ein Schneckenwettrennen zeichnete. Und wie er die Texte dazu dichtete und auch noch ziemlich laut dazu sang!

Als die Kabel rissen, hatten sich die Stare nach erstem, aufgeregtem Herumflattern doch entschlossen, auf dem Fenstersims Platz zu nehmen. Sich dort festzukrallen. Und sie hatten dann eben gesehen, was für ein großartiger Zauberer Jaromir war. Denn die Bläue des Himmels auf den Glückskarten und die Grazie der Bewegungen von Satyren und Nymphen in den Illustrationen kamen mit einer Leichtigkeit und so mühelos aufs Papier, weil es wirklich nur mittels eines Zaubers so geschehen konnte.

2

Die Stare hatten von solcherlei Kunst und Wundern schon oft bei den Überquerungen des Taurus und des Antitaurus gehört. Auch in der Sierra Madre Spaniens wurde zuweilen davon erzählt. Dort und hier gab es nämlich immer wieder Eremiten mit wundersamen Kräften, die dem Menschen, den sie hier im Städtchen sahen, durchaus vergleichbar waren. Die Stare lauschten also den erst gestammelten, dann aber feinsinnig intonierten Beschwörungsversen wie:

Frühling schwebe auf,
Mach die Flügel breit.
Lege Blätter drauf,
Streue Blüten weit.

Diese und andere festliche Feierverse hingen am Nagelbrett aus Kork und an den Rahmen der Fensterläden in der Mansarde zuhauf. Und überhaupt war die Stube ein Kabinett der Träume und Sehnsüchte, ein Sammelplatz aller geheimnisvollen Kontinente und Zaubergärten. Die Stare lauschten fasziniert, wie Jaromir weitere Worte zusammenknetete:

Frühling folgt dem Winter,
Denn er kommt dahinter.
Schnell und heiter komm' er
Vor dem heißen Sommer.

Als das aus einem ersten Geraunze wie: Frah - Froh - Fröh – Früh und Sum - Sim - Sam - Som

Ganz einfach und elegant entstanden, wussten die Stare, dass es eine jener Beschwörungen war, die sich dafür eignete, Regen zu machen oder Sonnen scheinen zu lassen, wann man es eben wollte und auch brauchte.

Kaum waren diese seltsamen Texte fertig – was übrigens immer mit einem leichten Fingerschnipsen Jaromirs verbunden war – begann die alte Schreibmaschine namens Remington Super von selbst zu schreiben. Wort für Wort, Zeile für Zeile, reine Zauberei!

3

Jaromir kümmerte das nicht weiter, denn er hatte Termine. Für Tischkarten. Für eine Schaufensterbeschriftung beim Metzger, ein Türschild für die Müllers, einen Werbespruch für den Heurigen und noch einiges mehr! Wenn er sich dabei Kaffee aufschüttete – grob gemahlenes Kaffeemehl und das heiße Wasser – dann blieb übrigens nie ein Kaffeesatz übrig. Und er trank auch gleich etliche Tassen, so dass man eigentlich um sein Herz und Hirn hätte ernsthaft fürchten müssen. Währenddessen blieb aber die Ballonmütze, die Jaromir gegen Zugluft über seinem Kahlschlag auf dem Kopf trug, in jeder beliebigen Lage auf dem Schädel haften.

Ja, es war wirklich bis zu jenem denkwürdigen Tag der Stare niemandem aufgefallen, welch ein begnadeter Zauberer Jaromir war. Doch wie schnell erzählten die Stare diese Neuigkeit den Stadttauben, den Rosshändlern, den Störchen, den Schauerleuten unten im Hafen, den Bettlern und vielen anderen mehr, bis er, der Zauberer, in aller Munde war, obwohl sich doch jeder von ihnen einer anderen Sprache bediente?

Es ging allerdings doch nicht so schnell, wie es nach diesen wenigen Worten den Anschein haben könnte.

Jaromir war nämlich einer, der das Blaue vom Himmel versprach, weil er daran glaubte. Und es grenzte an Unglaubliches, wenn ihm bestimmte Leute auch diese Arbeit, also das Blaue vom Himmel zu holen, anvertrauten. Und er brachte tatsächlich das Blaue zur Erde, auf jene Karten für Festlichkeiten der Frauen, der Schützen und der Kaninchenzüchter und für die Jahrmärkte. Selber maß er aber seinen Fähigkeiten nicht die Bedeutung bei, die andere fast in Verzückung versetzte.

Während er in der Mansarde mit seinen Wundern nahezu mühelos kämpfte, wusch sich der Meister der Stare die Augen in den letzten Regentropfen des Tages. Er wollte nämlich so genau wie möglich alles beobachten.

Dann sprach er zu seinen geflügelten Adjutanten: »Merkt euch, ihr Starlets, schnell die Sprüche, mit denen dieser Mensch den Zauber bewirkt! Vielleicht können wir auch so was mal gebrauchen!«

Als sie von nun an tagtäglich den Zauberer beäugten und ihm zuhörten, lernten sie auch die Begleiter Jaromirs kennen. Da gab's das Posthorn-Schneckenpärchen und das Streifenhörnchen. Und in der obersten Koje des Etagenbetts lag Jasmin, die halbägyptische Freundin Jaromirs – auch Fatma genannt – mit ihrer unglaublichen, ockerfarbenen Haut. Sie sahen auch etliche Gläser mit Meteorstaub und Krötendreck. Weiß Gott, und sie bemerkten sogar, als sie sich an das Halbdunkel der Mansarde gewöhnt hatten, den ersten Trainingskasten des Clubs der Magier aus der Friedrichstraße, aus jenem alten Laden in der Hauptstadt, der schon Hanussen und ähnliche Magier mit wohlfeilen Kunststücken bedient hatte. Daneben standen angestaubt das Buch »La Science amusante« von Tom Tit aus dem Jahre

1890 und der Fächer der neapolitanischen Tarotkarten. Mit Zeichen der Liebe bis zum Tod!

Aber war denn damit das Geheimnis der Zauberei von Jaromir gelüftet?

4

Jaromir ärgerte sich über die Vogelhorde indes unsäglich, weil der Fenstersims in diesem Frühling so sehr mit Vogelmist verschmutzt wurde. Seiner Freundin Jasmin drückte er deshalb den Spachtel in die Hand, damit die Spuren der Geflügelten beseitigt wurden. Ihm kam dabei überhaupt nicht die Idee, die Klecker einfach wegzuzaubern, stellten die Adjutanten des Starenmeisters fest. Der Starenmist kam aber sofort – wie so manche andere Chemikalie – in ein beschriftetes Glas in das Utensilienregal.

Morgens bei den ersten Sonnenstrahlen, die über das steile Dach des Nachbarhauses mit seinen glasierten Ziegeln in das Mansardenfenster stachen, konnte man sehen, dass in der Mansarde der Tag längst begonnen hatte. Die Posthornschnecken hatten ihren Prachtsalat bekommen, da sie Modell stehen mussten für den Reitzenburger Postkutschengruß auf einer Glückwunschkarte. Und das Streifenhörnchen verbiss wie jeden Morgen die Büttenbogenkanten zur Vorbereitung der Papiertagesration seines Herrn.

Und dieser hatte schon wieder zwei türkische Kaffeegläser hergerichtet, in denen sich dank seiner Kräfte der Kaffeesatz nicht auf den Boden legte, sondern in Rotation und Schwebe blieb. Jasmin-Fatma, sein asiatisch-afrikanischer Paradiesvogel, verknüpfte bereits ihr blauschwarzes Haar mit diesen ersten Sonnenstrahlen, und ihr orangebraunes Seidengewand verdeckte Gott sei Dank – so dachte der Starenmeister im Stillen – die ungewöhnlich schönen Zauberartikel, die auch sie besonders auszeichneten.

»Welch ein Tag wird es heute werden!«, rief Jaromir und ließ seinen gutberingten Zeigefinger über seine Tagesagenda gleiten.

Da zeigte sich, dass er Anfragen für eine Gebäckwerbung im lokalen Kurzwellensender zu bearbeiten hatte und auch gehalten war, einen Entwurf für ein Plakat dieser Bäckergilde zu gestalten.

Die Sonne hatte inzwischen die schrägstehende Kerze auf dem Plattenspieler übertrumpft. Den sichtbar gewordenen Staub, der im mittleren Son-

MCMXM

nenstrahl tanzte, blies Jaromir quer durch die Mansarde, wodurch sogleich ein ganz privater Sternenhimmel mit Staubfunken entstand. Und dann formulierte er mit bereits gespitztem Mund die ersten Probezeilen für die Gebäckwerbung:

Zuckerschneck'
Butterweck
Walnusseck
Schrot und Brot
Mehl und Karamell!
Gebacken Dunkel und Hell!

Gerade in diesem Augenblick schellte es an seiner Tür. Nachbarschaftshilfe war gefragt, weil dort im Langstreifenpyjama – breitblau und schmalbraun – einer von Jaromirs Nachbarn, einer jener Mitläufer der Finanz-Bürokratie, an der Mansardentür stand. Beim Mülltütenwegtragen hätte er in der Eile die Wohnungstür ins Schloss fallen lassen und nun, verdammt, schimpfte der Mann erbarmungswürdig.

Jaromir raffte gleich den blauen Kaftan, den er morgens immer trug, und lief mit dem Bankbürokraten im Treppenhaus hinunter. Da er ein wenig oberflächlich war wegen der im Kopf herumschwirrenden Bäckerverse, vergaß er allerdings Schraubendreher und Dietrich. So standen sie beide an der Tür mit leeren Händen. Doch Jaromir streichelte in seiner Not wie zur Prüfung von Schlosstyp und Verschraubung mit seiner Linken über die Metallgarnitur, und ... und das Türschloss sprang auf.

Der überschwängliche Dank des Nachbarn wurde ihm aber sehr lästig. Der wiederum hatte ja nur zu genau gesehen, was da zwischen Himmel und Erde möglich war. Und die leisen Gerüchte, die diesem Menschen schon mehrfach zugetragen worden waren, nämlich die Gerüchte von Zauberei, machten sich nunmehr im Kopf des Nachbarn breit.

Und nicht genug damit!

Während er die Wohnungstür schloss, blieb doch ein wehender Zipfel des Kaftans im Türspalt hängen. Aber geschwind öffnete Jaromir auf gleiche Weise die Wohnungstür seines verdutzten Nachbarn erneut. Eine sanfte Berührung des Schlosses genügte schon. Und der Bankmensch vergaß vor Aufregung das Rasieren. Ganz eilig, mit völlig neuen Gedanken beschäftigt, nahm dieser Mann seine Arbeit später am Bankschalter auf.

60 Mal Guten Morgen! 82 oder 83 Mal Guten Tag und so weiter brabbelte er dann. Dazwischen blähte sich immer wieder die Erinnerung an das Morgenerlebnis mit blauem Kaftan und dem Zauberschloss zu einem riesigen Fragezeichen auf.

5

Im Mansardenhaus dagegen ging es nicht so förmlich und steif zu. Da hieß es gleich nach dem Zauberkaffeetrunk: Die Schnecken füttern, dem Streifenhörnchen vorsichtig flüsternd die Welt erklären, wie sich das für eine Partnerschaft zwischen Zauberer und Hörnchen halt gehört.

Das Streifenhörnchen lernte dadurch mit dem Sonnenlicht zu spielen. Es hielt sogar die Lupe keck über den Globus und brannte hier und da ein feines Loch hinein. Und so bekam die Welt ihre Brandspuren. Die eine vielleicht in Samarkand, eine andere ging mitten durch Merseburg.

Na klar, direkt durch Merseburg wegen seiner Zaubersprüche!

Und damit kehrte Jaromir unvermittelt an den Schmiedetisch seiner Zaubersprüche zurück. Er selbst hielt eigentlich nicht viel von seinen magischen Kräften, wenn er schon mit völlig normalen Mitteln, ohne große Sprüche einen Sprung in der Teekanne kitten, morgendliches Eis von den Fensterscheiben tauen oder das selbsttätige Anspitzen eines Bleistifts arrangieren konnte. Er hatte ja mit seiner Lehre all das zu beherrschen gelernt. Nur ab und zu musste er wohl oder übel über diesen Schatten der Konvention springen, und er tat das dann, wie er spöttisch zu sagen pflegte, in Zauberstiefeln aus Assur am Tigris an der Hand von Jasmin-Fatma, seiner Magiebraut.

Heute Morgen war er nun unversehens zu solch einem Zaubersprung genötigt worden. Und nach dem spontanen Türzauber kam es sogleich zu einem weiteren unverhofften Ereignis. Als nämlich der Taubenfänger der Stadtverwaltung wie üblich die vergifteten Köder an Brunnen, Denkmälern und Balustraden auslegte, sah Jaromir gerade aus dem Fenster. Er beobachtete, dass nicht nur Tauben, sondern auch Amseln, die Stare und fröhliche Kinder durch die Köder gefährdet wurden. Sofort raunzte Jaromir den nötigen Spruch, nahm die Kaftanrockschöße in die linke Hand und das Ballonmützenbarett in die rechte und stürzte sich flugs aus dem Mansardenfenster.

Das geschah so unverhofft, dass später die Passanten und selbst der städtisch-angestellte und bezahlte Taubenfänger nur sagen würden, ein milder, aber rascher Frühlingswind hätte alles verweht.

Jasmin, die den Vorgang von dort oben in der Mansarde verfolgt hatte, rief erst leise, dann ganz laut: »Ulu, ulu!«

Was soviel heißt wie: Allmächtiger oder Größter!

6

Jasmin-Fatma war zu Jaromir wie ein Morgenrot nach einer Gewitternacht gekommen. Im Bazar von Aleppo hatte sie sich an ihn gehängt, als er den ersten Lehrgängen eines taurischen Sihirbaz – sprich: eines anatolischen Zauberers – sehr erfolgreich und willig folgte. Er hatte die großen Taten des Meisters wie ein Durstiger aufgenommen. Und dieser gab dem jungen Mann aus dem Okzident diese Blüte des Orients, Jasmin-Fatma als Licht und Duft und Erinnerung an vergehende Jugend mit auf den Weg, als er die Stätten des Orients verließ.

Die eigentlich spektakulärste Leistung am heutigen Morgen, die Beseitigung der tödlichen Köder, hatten die Tauben natürlich mit höchster Freude und größtem Wohlgefallen verfolgt. Und sie, die Tauben, waren es nun, die die Kunde der Wohltat überall hintrugen. Jaromir, der Windverwegene, kehrte mit der vollgepackten Ballonmütze und den Giftkörnchen in die Mansarde zurück und füllte eines seiner bekannten Schaugläser in den Mansardenregalen, wo sie von den Staren ja schon vorher entdeckt worden waren.

Diese Regale bewahrten die Zutaten, die – wie es Jaromir gelernt hatte – für besondere Aufgaben erforderlich werden konnten. Die einfachen Lehrstücke seiner Zauberkunst freilich liefen beispielsweise beim Aus-dem-Hut-Zaubern ohne Requisiten und ohne jegliche Vorbereitungen ab. Das war ja selbstverständlich!

Jaromir protokollierte in seiner Zauberkartei noch kurz die ausgeführten Aktionen. Und er rekapitulierte, dass er zuerst den Luftwirbeltrick mit der Fußrotation eingesetzt hatte. Dann hatte er mit erstaunlicher Leichtigkeit, wie er jetzt selber feststellte, den Staubsaugereffekt, den ihm sein Meister so mühevoll beigebracht hatte, um Gegenstände zu immaterialisieren, angewendet. Und schließlich waren ihm mit dem Singen der Orffschen Kadenz die Pirouetten um den Jägerbrunnen, den städtischen Pranger, das Pissoir und über mehrere Balustradenebenen spielend gelungen. Es geschah demnach nahezu mühelos.

Jetzt stand er aber vor der Staffelei und wusste, welcher harte Job auf ihn zukam, um alle Überzeugungskraft mit den Werkzeugen der Zauberei einzusetzen. Das in Auftrag gegebene neue Plakat sollte für moderne Haarwuchsprodukte werben. Und an wen wendeten sich schon bemühte Fabrikanten derlei Mittelchen mit dieser schweren Aufgabe, wenn nicht an ihn!

Wahrhaftig konnte er sich nicht erinnern, was an Zutaten notwendig war und auch den strengen Anforderungen einer wirklich bezaubernden Werbung genügte. Gläschen für Gläschen nahm er von den Regalen. Fuhr seiner Jasmin, der Ockerhautfarbenen, durchs schwarze Haar und zupfte auch mal am Schwänzchen seines Streifenhörnchens. Exotische Zutaten waren es wohl nicht, die hier fehlten! Denn damit hatte schon der Produzent der Essenz nicht gegeizt. Es mussten eher ein Spruch, eine Melodie, vielleicht auch ein Tänzchen sein, die im Plakat ihren Niederschlag finden sollten.

7

Als er dann nochmals gedankenverloren den langen Zopf Jasmins wie einen Schlangenleib aufgriff, entstand auf dem im Halbdunkel des frühen Nachmittags liegenden Zeichenbogen eine Marionettenfigur, die an den Fäden ihres Haarschopfes bewegt wurde. Und in herrlichster, haarfeiner Kalligrafie reihten sich die Zeilen darum herum:

Denk, was dich noch hält
In dieser rauen Welt
Absalom am Faden
Von Tinkturen Gnaden
Jeder Tropfen stählt
Jedes Härchen zählt.

Punkt. Signatur. Jahreszahl.

Und einen Zauberkringel, der das Ganze besiegelte, zeichnete er noch in die rechte, untere Ecke. Der half, wenn man es recht zu deuten verstand, auch den letzten wankelmütigen Kopf zu überzeugen, schützte das Papier überdies vor dem Vergilben und ließ auch im fahlen Laternenlicht der fernen Schlafstädte, die um die großen geschäftigen Metropolen dieser Welt herum lagen, die Plakatfarben noch immer leuchten.

Übrig blieb an diesem Tag wie ein angebissenes Stück Brot nur die kurzweilige und kurzwellige Bäckerwerbung. Da hatte doch unweigerlich, ob Jaromir nun wollte oder nicht, noch eine dritte Zauberetude am heutigen Tag stattzufinden. Er war sich darüber im Klaren, dass sich akustische Werbemittel besonderer Sorgfalt zu unterziehen hatten, um in das Unterbewusstsein der anzusprechenden Kaufwilligen einzudringen. Das Aus-dem-Hut-Zaubern, meinte er, wäre hierbei so ungeeignet wie etwa Mehlmotten im Vorratslager der Bäcker gewesen.

So zog er die Jalousien vor die Mansardenseitenfenster und stellte das Feuerbecken bereit. Mit dem Achatsiegelring rieb er die Zündflamme an der Knochenkohle an, und im blaugelben Schein dieser einzigen Zimmerbeleuchtung aus dem Kohlebecken versuchte er, in den alten Vorschriften seines Meisters vom Taurus und den eigenen Randbemerkungen das richtige Kapitel zu finden. Die Anweisungen, die er durchblätterte, hießen beispielsweise:

Trennung von kämpfenden Ziegenböcken
und
Wandlung von Fladenbrot in süße Honigtaler
oder
Heilung wund gelaufener Füße.

Das war es also nicht. Auch eigenen, ergänzten und inzwischen mehrfach ausgeübten und erfolgreichen Zaubereien, wie dem fehlerfreien Beherrschen der Interpunktion oder der Rückkehr verschlagener Tennisbälle zum Aufschläger, konnte er keine Lösung abgewinnen. Je mehr er blätterte, umso unsicherer wurde er. Die ersten Schweißperlen krochen auf seine Stirn. Und Jasmin-Fatma, die das mit wachsender Unruhe verfolgte, rief schließlich aus:

Bazan sihirbaz da terler

was soviel wie:

Manchmal schwitzt auch der Zauberer

heißen sollte.

8

Mitten in diese Not schrillte die Türglocke und unterbrach die Suche nach praktischen Zaubertricks. Jaromir nahm sehr zögernd den Wunsch des Nachbarn zur Kenntnis, als er die Tür öffnete. Der Mann meinte, man müsste mal ein längeres Gespräch führen. Und mit Mühe konnte der Zauberer die neugierigen Blicke des wieder mit Schlafanzug und Morgenmantel Bekleideten einschränken.

Er hatte ja noch nicht das Kohlebecken gelöscht und auch keine der anderen Merkwürdigkeiten weggeräumt. Oder erweckte gar der orientalische Zauber der Freundin des ungebetenen Nachbarn Interesse?

»Ja, ja«, sagte Jaromir, »kommen Sie doch morgen Abend bitte wieder«, und schloss schnell die Tür.

Jasmin berührte ihren Jaromir leicht an der Schulter, weil sie fühlte, wie sehr er durcheinander geraten war. Und als er dem Spiegel näherkam, um sich die Schweißperlen kontrolliert abzuwischen, sah er auch zum ersten Male, dass er in den Augenbrauen und im Bart grau geworden war. Der Spiegel gab aber auch wieder, wie wenig hingegen seine Morgenrot-Jasmin gealtert war, seitdem sie mit ihm Tag und Nacht teilte. Und er begann ihre Augen durch den Spiegel hindurch zu suchen. Dadurch drang er allerdings nur in die oberflächliche Tiefe des Spiegels und verlor sich nur ganz flach in dem warmen Schatten ihres zeitlosen Antlitzes.

»Was soll denn der Tag, der heutige, mir noch bringen?«, seufzte er und begann schließlich doch ein wenig zu lächeln.

Ach ja! Zwei Zaubereien pro Tag waren wohl nicht genug!

Da berührte ihn erneut Jasmins Hand, und leise sagte sie: »Schlag' doch die letzte Seite des Zauberbreviers deines Meisters auf!«

»Evet üstat, ja, Meister«, wiederholte Jaromir gedankenverloren und wusste schon, als er die Überschrift las, dass das die Lösung des Problems seiner Brotstudie sein konnte. Die Zeile lautete:

Der Märchenerzähler, der Zauberer und der Gute Geist
leben von Brot und Applaus.

So erzählte dann Jaromirs bald gesendeter Funkspot über das Backgewerbe, der in den Landstrichen zwischen Dörfern und Städten per Kurzwelle von Radio Allerweil ausgestrahlt wurde, von der Mühe der Bauern, der Ackerochsen, der Sonne, des Dreschflegels, der Mühlsteine, der Müllerburschen, der Bäckerjungen und der fleißigen Hefen, von der Mühe der Mamsell im Laden vor der Backstube und vom Applaus der klingelnden Kasse, wenn die Geldstücke als Dank für die viele Arbeit in sie fielen. So strahlte es also in den Äther:

Dreiundzwanzig Händepaar'
Tragen Korn nun jedes Jahr
Ins gefurchte Humusfeld
Vom Bauern wohl bestellt.

Der Ochsen schwerer Tritt
Formt die Furche mit
Krähe, Möwe, Wurm.
Sonne, Regen, Sturm

Fördern Halm und Korn
Und auf der Tenne vorn
Singt der Drescher Flegel
Bis des Müllers regel-

Mäßig reibend Stein
Mehl erzeugt, ganz fein.
In der Bäckerei
Zucker, Hefe, Ei

Bilden Teig und Brot.
Und im Morgenrot
Trägt's der Bäckerjunge
Fast bis an deine Zunge.

9

Mit einem befreienden Seufzer nahm er noch auf, dass die Schreibmaschine wie üblich klaglos und völlig selbsttätig den fertigen Text aufzeichnete. Und so verging dieser Tag, wie einige geheime Zuschauer bemerkten, nicht so wie gewohnt. Der Mann war nämlich genötigt, noch einmal die stickige Luft aus der Mansarde zu zaubern.

Aber dafür genügte schon, wie man längst geahnt hat, der über die flach ausgestreckte Hand leise gerufene Spruch:

Mandel, Wandel, Sandel!

und der Raum wurde angenehm kühl und mit dem Duft der Cukurova-Ebene, der alten Cilicia Pedia Seleucis Regio, erfüllt, wie sie sich den Kennern des Südens von Anatolien halt im Frühling immer darbietet. Nach diesem Zaubervorgang fühlte er sich veranlasst, auch noch etwas gegen sein Alter zu tun. Und wie musste er schmunzeln, wenn er daran dachte, dass er anderen mit seinen Werbeaussagen die höchsten Segnungen der Kosmetik versprach. Hatte er je selbst ausprobiert, was andere mit seinen hart erarbeiteten Sprüchen deswegen an den Mann und die Frau bringen wollten?

Mit wirklichem Schrecken, wie er sich nachträglich eingestand, hatte er die Spuren des Alters, auch seines Alters gesehen. Was war aus dem Schatz an bekannten Elixieren und Zaubern einzusetzen, um das Altern aufzuhalten oder wenigstens aufzuschieben? Er glaubte, der Maskerade-Zauber, den er früher häufig für unzulässiges, unbeobachtetes Eindringen in besondere Gemächer oder für die Verstellung bei gefährlichen Ereignissen für sich selber eingesetzt hatte, wäre nicht von tiefer und langanhaltender Wirkung. Das Handbuch schrieb dafür vor, man brauche für solche und ähnliche Absichten nicht nur Sprüche und Pülverchen, sondern man habe sich noch zusätzlich ins Stadium der zweiten Meditation zu versetzen.

Eigentlich war ihm das zu aufwendig. Also versuchte er es mit dem obligaten Spruch und der rituellen Waschung mit ultrafiltriertem Jungbrunnenwasser, das reichlich in den Regalen stand. Und siehe da! Der Spiegel gab schon nach wenigen Tropfen wieder, wie der Teint die Edelbräune erhielt, die Falten nur noch beim Grinsen sichtbar wurden und sich der graue Bart in eine fesche, schwarzbraune Bürste verwandelte.

Aber so sehr er sich auch bemühte, seinen Spiegel zur Wiedergabe eines Papierabzugs seines verjüngten Konterfeis aus dem unten angebrachten Schlitz zu veranlassen, blieb auch der sechzehnte Versuch ohne Wirkung. Im Gegenteil! Wieder perlte ihm der Schweiß – in diesem Falle der Schweiß der Verzweiflung – von Stirn und Nase und hinterließ seine hellglitzernden Laufspuren im Teint.

10

Manchmal schwitzt auch der Zauberer«, sagte nun auch er zu sich. Und seine Lippen zitterten dabei doch merklich.

So wurde dieser Abend eigentlich zum Fiasko. Jaromir erinnerte sich, wie ihn der Meister im fernen Aleppo immer wieder gewarnt hatte, seine Kräfte für Lappalien zu vergeuden. Er hatte auch noch hinzugefügt, Eigennutz würde allen Zaubereien schaden. Längst hatte Jaromir aufgegeben, sich Geld in verschiedenen Währungen – gleich, ob als Münzgeld oder in Papiernoten – zu zaubern. Ebenso wenig lag ihm daran, sich andere Menschen untertan zu machen, selbst wenn es ihm manchmal gar nicht gefiel, wenn sich Portiers, Polizisten oder Lektoren wie Flegel oder wie der König persönlich benahmen. So ein Tag wie der heutige war halt verpfuscht und konnte auch mit gequältem Zauber nicht vergoldet werden.

Beim Auskleiden faselte er noch einige eloquente Zauberfloskeln, so dass sich der blaue Kaftan und die Schnabelschuhe von selbst ordentlich zurechtlegten. Die Ballonmütze blieb indes mitten im Raum schweben. Jasmin nahm dieses Ritual jedoch schon aus Gewohnheit nicht mehr wahr.

Jasmin und er hatten übrigens heute wenig gegessen. Und nur Träume, gemeinsame und einsame, halfen, den Tag doch noch zu vergessen. Zauberer waren ja auch nur Menschen, aber vielleicht solche, die mit ihren Talenten und Kenntnissen nicht so leicht glücklich wurden, wie man das

gemeinhin erwarten mochte, dachte Jasmin noch kurz vor dem Einschlafen.

Am Morgen stahl sich leider nicht die Sonne über die Nachbardächer. Nur Nebel nässte das Fensterzinkblech, die Blumenkästen und Traufen. Alles ringsumher war feucht. Und Jaromir blieb deswegen nichts anderes übrig, als schon am frühen Morgen für Schönwetter zu sorgen. Er stellte aber seinen Zauberreim nur auf seinen ganz persönlichen Bereich ein. Die Mansarde lag deshalb ungelogen den ganzen Vormittag in eitlem Sonnenschein, während die gesamte Umgebung in Trübsal fast unterging. So konnte Jaromir seine Reinzeichnungen und Texte ordentlich verarbeiten. Er wurde auch nicht von Jasmin-Fatma gestört oder aufgehalten, weil sie schon am frühen Morgen ausgegangen war.

Anderen blieb der paradiesische Zustand in und um die Mansarde nicht verborgen. Diese Idylle erzeugte wohl Neid und Missgunst bei anderen Zauberern oder Hexen, wo immer sie auch leben und wirken mochten. Und diese übelwollenden, fremden Mächte hatten schnell Böses beschlossen und verwirklichten es umgehend.

11

So hatte Jaromir ab zehn Uhr dreißig mit einem – uns stockt der Atem! – angriffslustigen Hornissenschwarm zu tun. Es begann mit einem leichten Summen um den Sonnenschirm, setzte sich an den Fensterangeln fort und endete mit einem infernalischen Sägen der daumengroßen Krieger und Kriegerinnen des Stammes der gelb-schwarzen Tigerinsekten am Holz der Fensterrahmen. Sie bissen kräftig in alle Leisten und Fugen und versuchten auch durch die Fensterlüftungsbohrungen zu kriechen.

Jetzt war zum ersten Mal in dieser Woche die wirklich große Zauberkunst gefordert. Wer ermisst die Angst und den Mut, die zu gleichen Teilen sein Herz und Hirn erfüllten! Schnell musste gehandelt werden. Und richtig und wirksam musste es sein. Keine halbe Sache! Und außerdem sollte die Quelle des Übels gefunden und ausgemerzt werden. Die Tiere waren, wie er ahnte, doch nicht selbst bestimmt. Sie hatten wahrscheinlich nur höheren Befehlen gehorcht!

Jaromir erkannte die Dämonie des Gegenzaubers im ersten Moment und hatte schon die Finger zur Abwehr gespreizt. Mit der linken Hand, die vorher seine Stirn und das Herz berührt hatte, klappte er das Buch des Meisters auf und las laut die Verse der Beschwörung:

Stachel dieses Firmaments
Angespitzt und giftgefüllt!
Ausgeburt der Dekadenz
Hat jetzt alles eingehüllt:

Skorpion und Spinnentier
Wesp' und Schlangenleib,
Jeden von euch fürchten wir
Im Schmerz. Allen bleib'

Die Angst vor unsrer Macht
An brütend heißem Tag
Und bitterkalter Nacht!

Und die missbrauchten Tiere fielen tatsächlich sogleich ab wie welkes Laub von einem Haselstrauch. Mit vorsichtigen Händen befestigte er den Bambusstab des Dämonendetektors mit Gummi arabicum – wie im Lehrbuch ausdrücklich geheißen – am Fensterglas, und die Rabenfederbewehrte, freie Spitze des Bambus schrieb die noch immer andauernden Zaubersprüche des Gegenzauberers auf das Kolophonium beschichtete Blatt.

Unschwer konnte man erkennen, dass es in tironischer Kurzschrift geschah und somit Ursprung und Ziele des Bösartigen dekuvrierte. Die Koordinaten waren auch schnell bestimmt. Jaromir stellte nunmehr mit seiner Zielmaschine die Fadenkreuze ein und überließ das Ganze seinem Zauberspruch Nummer 92:

Falk sei Pfeil
Fuchs sei Schwert
Bär sei Beil
Und umgekehrt.

Tragt das Recht
Mit Lust und Qual
Über Gut und Schlecht
Überall und allemal.

Das waren leichte Übungen, die ihm noch nicht einmal ein Lächeln, geschweige denn Schweiß abrangen. Er hatte ohnehin das Wespenbussardpärchen aus dem Kastanienhain vor der Stadt um Beistand gebeten, um noch eventuellen Nachzüglern des Zauber-Todesschwarms der Hornissen den Garaus zu machen.

So konnte er sich beruhigt zurücklehnen und endlich die erste Tasse Kaffee an diesem Morgen trinken. Das verängstigte Streifenhörnchen kroch ihm langsam auf die Schulter und schmuste mit dem rechten Ohr. Und was sie sich zuflüsterten, hörte natürlich keiner. Die Staradjutanten kehrten jedenfalls wieder von ihren Ausflügen zu den Rieselfeldern und Golfplätzen vor der Stadt zurück, wo sie sich auch mit den Krähen des Kreises über Jaromir verständigten. Sie verkrochen sich unter dem Mansardenfensterfirst, als Jaromir dann am Gewitterregen herumzauberte, und der Platzregen nach den ersten Blitzen und dem unablässigen Donner alle Zauberunkundigen bis auf die Haut durchnässte.

12

Jasmin war, als sie gegen Mittag vom Stadtbummel heimkehrte, völlig trocken und hielt sich die linke Schulter, als wäre der Blitz eingeschlagen. Sie versuchte, dem Blick von Jaromir auszuweichen, denn je tiefer seine Augen in sie eindringen wollten, umso abweisender und widerspenstiger wurde ihr ums Herz.

War sie etwa ein Teil des bösartigen Gegenzaubers, zuckte es jäh durch seinen Kopf?

Sollten sich an jedem kommenden Tag von nun an die Teufeleien eines Dämons erneut auf ihn richten? Er käme ja nicht mehr zur Arbeit, wenn das so wäre, dachte er. Solche Schikanen hätten sogar einen fatalen Einfluss auf Geldbörse und Lebensstandard. Wer konnte bloß so viel Missgunst entwickeln?

Die beiden Posthornschnecken signalisierten mit ihren diskanten Trompetenstößen, dass etwas immer noch nicht in Ordnung war. Da fiel sein Blick unwillkürlich auf Jasmin. Zusammengekauert, appetitlos und grau saß sie auf dem Lederkissen. Ihre blauschwarzen Haare hatten sich wie die Schlangen an Medusas Haupt verschlungen, und den bitteren Zug um ihren Mund konnte er schon gar nicht mehr übersehen. Aber mit dem unvergessenen Rat des großen Meisters, des Ulu Üstat, nahm er sich vor, erst einmal nur zu beobachten. Geduld und Urteilsschärfe waren jetzt ebenso gefordert wie der Hörigkeitszauber und die Wahrheitsdroge.

Er warf feinen Türkisstaub in ihre Richtung, spreizte an beiden Händen den Zeige- und Mittelfinger zur magischen Gabel, um Jasmin an die Zügel seiner Observation zu legen. Und die Nachmittagssonne beschwor mit ihren an Nachbarhausfenstern gebrochenen und aufgewärmten Strahlen geheimnisvolle, graugrüne Schwaden in der Mansarde. Jasmin geriet somit in Trance. Und die Schnecken zogen sich spontan in ihre Hornhäuschen zurück.

So dämmerten sie dahin, die der Magie Verschworenen, und belauerten sich zur gleichen Zeit wie Falbkatzen. Jeder mit seinen Waffen und Kräften. Auge in Auge.

Aber wie von dunklen Mächten geschickt und verabredet stapfte plötzlich der bekannte Nachbar die Treppe herauf, um Jaromirs Anerbieten für ein Gespräch wahrzunehmen. Die Sturmklingel an der Mansardentür zerschlug die graugrünen Schwaden seiner Beschwörungen abrupt und unterbrach die gemeinsame Meditation.

»Hallo, hallo«, sagte der Bürokrat fröhlich, »da bin ich! Und ich eröffne Ihnen ungeahnte Perspektiven.«

Sein Ausruf klang wirklich wie Frohlocken, wie das positive Gestammel, das an Bank- und Sparkassenschaltern tagtäglich geübt und praktiziert wurde.

Derweil ließ der Nachbar die Augen begierig durch das vorabendliche Halbdunkel der Mansarde streifen und fuhr fort: »Sie könnten doch, wie ich hier sehe, eine Auffrischung gebrauchen. Sie mit Ihren Fähigkeiten muss man doch fordern!«

»Ach«, sagte Jaromir, »was fehlt uns denn?«

»Nun, mir scheint, dass ein wenig mehr Komfort angebracht wäre.

Und einer so bemerkenswert schönen Gattin sollte man doch mehr als diese Räucherkammer bieten.«

Wer sich der Verlegenheit des morgenmanteltragenden Nachbarn vom Vortag noch erinnerte, mochte glauben, zwei verschiedene Menschen kennengelernt zu haben. Aber was machten nicht seine Kleider, die Krawatte und der Siegelring aus! Der Nachbar setzte seinen Monolog ungeschminkt fort und starrte immer aufdringlicher auf Jasmin-Fatma.

Sie war weiß Gott ein Prachtweib in der unvergänglichen Blüte des Orients mit den zweideutigen Zeichen der Morgenröte des Nils und der Abendsonne des goldenen Bosporus. Das konnte jeden Mann in den Bann ziehen, besonders den, der sie mit unlauteren Mitteln oder sehr hintergründigen Wünschen beäugte.

Jaromir gürtete deshalb den Kaftan mit der orangefarbenen Schärpe und klemmte sich zusätzlich das Monokel aus geschliffenem Saphir vors linke Auge. Damit zog er einen Kreis der Verschwiegenheit und Undurchdringlichkeit um sich, der ihm Ruhe und eine unüberwindbare Überlegenheit gewährte. Wie ein Snob mag er wohl in diesem Augenblick ausgesehen haben. Aber ein Spezialschutz war eben nötig. Der Bankangestellte setzte sich dagegen ungeniert an den Tisch, aber so, dass er Frau Jasmin unverwandt im Auge behalten konnte. Und er entwickelte nun seine verflixte Idee vom teilbaren Reichtum und von allmächtigem Wohlstand.

Dann sagte er: »Hören Sie mal, Sie mit den goldenen Händen! Sie sind doch der ideale Partner für mich. Ich sitze an der Quelle, aber ich kann sie, die Köstlichkeit, nicht in meinen eigenen Garten umleiten. Wie wäre es, wenn wir gemeinsam – wie die Biber – zusammenarbeiten würden! Ich habe da nämlich einen genialen Plan.«

Und völlig hemmungslos starrte dieser Mensch währenddessen auch noch auf Jasmin. Jaromir hatte sich alles gelassen angehört und aufgenommen und mit dem hängenden Monokel nur einen feinen Lichtfunken durch den Raum gesandt, so dass nach der Art seines Meisters ein Zirkelschlag eines besonderen Zaubers entstand.

Dann murmelte er: »Wir werden sehen. Erzählen Sie aber weiter!«

»An Vorabenden vor Feiertagen habe ich nur zu oft die Gelegenheit, Geld in allen Mengen und Arten zu berühren. Ich will, ich will und nochmals! Ich will mir davon meinen Teil nehmen. Mit Ihrer Kraft, die ich so deutlich und wirkungsvoll erfahren habe, wäre das ein Kinderspiel. Und sagen Sie nicht, dass Sie so was nicht können oder wollen. Ich habe ebensoviel Macht wie Sie, mein Herr, wenn auch auf andere Weise«, quatschte der Mann ungebührlich drauf los.

Dabei blickte er erneut über den für ihn unsichtbaren Zirkelschlag auf die regungslose Jasmin.

Doch die geheimnisvoll Schöne hatte sich bereits in den weiten, dunkelroten Vorhang zurückgelehnt und ihre seidigen Kleider wie Salome ausgebreitet. Die Türkis- und Onyxkettengehänge läuteten leise Töne in den Zirkelkreis. Und Jaromir gab mit einer leichten, fast herablassenden Handbewegung zu verstehen, der Nachbar solle indes fortfahren.

13

Nun«, begann dieser Aufdringliche und steckte sich auch noch eine Zigarette an, »wir veranstalten es an den Tagen vor Ostern, dann, wenn alle Geschäfte und Märkte ihre Einkünfte und Erträge in unsere Bank einbringen. Dann wird so wenig Platz im Tresor sein, dass man auch noch die Wertpapierkeller und Asservatenräume zur Lagerung der Banknoten nutzen muss. Zu diesem Zeitpunkt werde ich Sie dort unten einschließen. Und ich muss dann nur darauf warten, bis Sie sich dank Ihrer Kunst selbst befreien und mir den Lohn meiner genialen Idee aushändigen. Ich kann nämlich, wie alle anderen in der Bank, die Schließfächer nicht gewaltfrei öffnen. Aber Sie werden das wohl mühelos fertig bringen!«

Jaromir beobachtete das stärker werdende Leuchten in Jasmins Augen, das sicherlich ein Zeichen fremder Magie war. Aber ganz so sicher war er doch nicht! So ließ er sich daher dazu bewegen, mit einem Kopfnicken Zustimmung anzudeuten.

»Also gut«, brummte er und zählte in Gedanken die Tage bis zum Oster-Frühlingsfest.

Es blieb ihm daher genug Zeit, um sich entsprechend vorzubereiten und gleichzeitig die Hintergründe des Verhaltens seiner ihm sonst so eng verbundenen Jasmin etwas aufzuhellen. Wäre nicht der Zweifel an Vertrautheit und Treue aufgetaucht, hätte er dem Eindringling die Nägel krumm wachsen lassen oder den Scheitel auf der rechten Seite statt auf der linken gezogen. So aber bot sich, ohne dass es der andere ahnte, eine unvergleichliche Chance zur Klärung seiner eigenen Lage, zur Auslese unter allen Möglichkeiten des Schicksals und, wie er früher manchmal erwähnte, zur eigenen Läuterung.

»Herr Nachbar«, sagte Jaromir darum, »ich werde Ihnen zeigen, dass die Maßnahmen und Taten, zu denen ich fähig bin, auch an jedem Ort, zu jeder Zeit und unter allen natürlichen Bedingungen möglich sind. Ich brauche mich nicht zu verstecken und einschließen zu lassen oder zu verkleiden, denn ich verfüge und verteile Reichtümer anderer Art. Wenn Sie sich mir anschließen wollen, dann seien Sie willkommen, und lassen Sie schleunigst Ihre raffgierige Attitüde fallen.«

Jasmin war während dieser kompromisslosen Rede Jaromirs aufgestanden und warf kurz dazwischen: »An den Schätzen der Welt würde ich schon gerne teilhaben wollen. Also, ihr Männer, tut was für mich! Ich habe lange genug zugesehen, mit welchen nutzlosen Zeremonien mein bisheriger Herr seine Zeit vergeudet.«

In diesem Moment rutschte ihr auch noch der große Seidenschal von der Schulter, von jener, die sie seit gestern schmerzte. Und Jaromir erkannte sofort, dass sich dort doch ein Einstich befand.

»Sollte«, so fragte er sich, »sollte sie auch einer der Pfeile der Dämonenabwehr getroffen haben, weil sie mit abtrünnigen Gedanken oder aus gewissem Überdruss an mir zweifelt?«

Der große Meister, der Ulu Üstat, hatte ihn immer gewarnt, je auch die Vertrautesten hinter die letzten Schleier blicken zu lassen. Das wäre ziemlich trottelig oder gar leichtsinnig!

So murmelte der Zauberer die Verwünschungen Nummer 26 und 77 schnell hintereinander, damit sich ihre Wirkungen quadrierten:

Numero 26:

Weißt du, wer ich bin
Weißt du, wer ich war
Gehe ich dahin:
Dann zum Orkus fahr'.

Wenn dein Widersinn
Im Feuer meiner Wut
Verkohlt. Gewinn'
Den einen Tropfen Blut,

Der in deiner kalten Seele
Auf den Wangen ruht,
Damit auch mir nichts fehle
Und mir Gutes tut.

Numero 77:

Confessus convictus
Zum guten Schluss:
Schlingen um den Hals
Erdrosselt, falls
Keine Reue,
Keine Treue.

Dann, als der unverschämte Bankangestellte gegangen war, wiederholte Jaromir noch den Reinigungszauber mit

Mandel, Wandel, Sandel!

sodass sich der Raum wieder mit dem Duft jener kapadozischen Ebene – Cukurova genannt – füllte. Und die Schnecken und das Streifenhörnchen streckten sich wohlig aus und lächelten.

14

Jaromir lehnte sich in seinem Fauteuil zurück. Er wollte auch die Nacht hier zubringen. Schlaf war nicht angesagt, solange er sich Schnitzer und Kunstfehler erlaubte. Morgen würde vermutlich der nächste Bittsteller kommen, um sich zu bereichern, zu verwandeln oder die Zukunft beherrschen zu wollen. Schlicht gesagt, um mit seiner Magierhilfe irgendwelche

Vorteile zu erlangen! Was hatte ihn denn seinerzeit bewogen, dem Meister Ulu Üstat zuzuhören, sich Zeit zu lassen für die kurzen Augenblicke der Verwandlung, all die Sprüche zu lernen und natürlich auch Fehler zu machen, zu üben und nochmals zu üben?

Da er bei diesem Hin und Her doch allmählich schläfrig wurde, nahm er sich vor, nicht noch weitere Geister zu benutzen, um den Geheimnissen – denen auch mit dem tollsten Zauber nicht beizukommen war – auf der Spur zu bleiben. Er betrachtete aus der anständigen, gelassenen Ferne die auf dem Diwan dahinschlummernde Jasmin. Die Sprüche 26 und 77 hatten wohl eine gewisse Wirkung gebracht. Und er bemühte sich zu dieser Geisterstunde, die manche dazu benutzten, entweder unter die Decke zu kriechen oder andere willkürlich, aber in voller Absicht zu erschrecken, er bemühte sich also zu dieser Zeit, die klassische Verzauberung anzuwenden.

Aber Jaromir konnte sich beim besten Willen nicht so konzentrieren, dass ihm die Mittelchen und Pülverchen haargenau einfielen, die dazu notwendig waren. Schweiß rann von der Stirn, der kalte Mitternachtsschweiß! Da wurde ihm bewusst, dass Jasmin seiner Schwächen offenbar ansichtig geworden war und ihn einfach für einen Stümper hielt. Hatten ihn die helfenden Hände des Meisters etwa verlassen, und hatte stattdessen der Dämon des Fehlers von ihm Besitz ergriffen? Das Auskosten, das Auf und Ab mit dieser Frage machten ihn so schläfrig, dass auch er nun doch schlagartig dem milden Zauber des Schlafs erlag.

Jaromir erwachte mit verkrampfter Schulter und dem monotonen Rauschen eines Landregens im Ohr. Langsam realisierte er, wie neben dem klitzekleinen Privatleben, das er zu führen meinte, sein Einmannladen eigentlich auf vollen Touren zu laufen hatte. Bei aller Zauberei stand und lag überall Unerledigtes herum, und wenn es nur Glückwunschkarten für einen Hauskauf, Werbekärtchen für einen frisch verschuldeten Besitzer einer Würstchenbude oder für eine Drillingsgeburt waren.

»Mist«, dachte er, als er auch noch einen Spickzettel Jasmins fand.

Mit Stichworten, die Befehlen ähnlich waren, hatte sie den Wisch von Rand zu Rand voll geschrieben. Und sie hatte doch sogar die Unverfrorenheit, obenauf »Mein bezaubernder Liebling« zu schreiben. Aber er sparte es sich, die Tabelle ihrer Wünsche durchzugehen, sondern stürzte sich auf seine vernachlässigte Arbeit.

Der Kaffee rotierte grundlos. Das Blau des Himmels tropfte oder floss je nach erforderlicher Stimmung auf die Zeichenkarten, und die Sprüche – gehaltvoll oder auch nicht – sprudelten den gezeichneten Männchen und Weibchen nur so aus den Mündern.

Während er sich dieser Routine beugte, spazierten seine Gedanken überall herum. So einfach hätte er sich das Ganze machen können, sich das Weibchen Jasmin mit einem schlichten Liebeszauber zu unterwerfen. Und nicht ein einziger Schweißtropfen wäre dabei von seiner Stirn gefallen. Aber sie hatte ihn nun mal schwitzen sehen, wegen seiner Unfähigkeit oder aufgrund naheliegender Oberflächlichkeit und möglicherweise auch wegen einer Schwäche!

Wenn damit allerdings ihre Treue verloren gegangen war, was sollte dann ein Liebeszauber noch bewirken oder gar verbessern?

15

Langsam wurde der Landregen schwächer und die Blasen auf den Pfützen häufiger. Sie spiegelten auf ihrer runden, schillernden Haut das Haus mit der Mansarde in allen Größen und Verzerrungen. Und die vielen Facetten, die diese Spiegelungen wiedergaben, entsprachen durchaus den Stimmungen des angeschlagenen Meisters.

Ach, wie leicht wäre es doch, sich Gunst zu erzaubern!

Und wie schnell könnte er oberflächliches Glück mit einem Edelsteingeschenk erschaffen! Mit einem Geschmeide! Aber war es das, was ihm half? Er hatte wohl andere Aufgaben, andere Ziele. Als er die Sanduhr, eines seiner wichtigsten Instrumente, umdrehte, beschloss er, einige Übungen zu absolvieren, um seine frühere Sicherheit wiederzugewinnen.

So geschah es, und bei keinem der absolvierten Experimente brach ihm nun noch der Schweiß aus.

Flugs erledigte er dann seine Zeichen- und Textarbeiten. Und er besann sich gleich darauf auf den Himmel, die Sonne, die Sterne. Das Fenster öffnete er, rief den Staren, den Tauben das übliche Willkommen zu und zelebrierte das große Versöhnungsfest mit den Tieren, wie es der Ulu Sihirbaz immer getan hatte.

So forderte er seine geheimen Freunde, die Grille, den Maulwurf und alle Schnecken der Welt zu selbstloser Hilfe auf. Diese Hilfe brauchte er wohl, um gequälte Herzen von Dämonen zu befreien und eine ruhigere Welt um sich zu schaffen.

Als er die letzten Zeilen des großen Versöhnungsspruchs

Not
Rot
Tot
Wir trinken euer Blut
Denn es macht uns Mut
Wir reißen eure Flügel
Legen euch in Zügel
Machen Leim aus Knochen
Fleisch zu Würsten kochen
Brechen aus die Zähne
Tragen eure Mähne
Panzer und die Schwämme
Zum Schmuck, für Kämme
Schneiden euer Leder
Stecken jede Feder
Webt
Lebt
Vergebt!

– immer leiser werdend – flüsterte, hörte er plötzlich Klagen aus den Pferdeställen des Rennplatzes!

Wie am Vortag löste sich der Zauberer schnell von der Fensterbank und schoss im Streckflug quer über den Markt durch das obere Stadttor zum Turfplatz. Der Kaftan glich einem Kometenschweif, blau und ausgestreckt wie eine Dieselfahne in der halben Stadt. Als er so dahinraste, bemerkte er parallel zu seiner Flugbahn ein Schemen. Es flog – gelb, kurz und gedrungen – wie der Wüstendämon neben ihm dahin. Die gespreizten Finger beider Hände legte Jaromir im Flug gekreuzt über seine Brust. Als vorsorglichen Schutz!

Und je näher er den Stallungen der Rennbahn kam, umso deutlicher vernahm er die Klagen der Vierbeiner über Peitschenhiebe, Spritzen und sparsamste Rationen. Scheuklappen bekamen die Hengste, und die Stuten wurden von den Fohlen getrennt. All das, so verstand er allmählich, galt der Bereicherung durch die manipulierten Rennen. Die Gier machte sich offenbar überall breit.

Der Dämonenblitz begleitete ihn jedoch immer noch, so als wäre er sein eigener Schatten. Die mit den Zähnen festgehaltene Zauberklinge nahm Jaromir nun und zerschlug zuerst alle Reitpeitschen. Mit dem grünen Polygon brach er das Geläuf an den Weiden auf und verwüstete mit wilder kabbalistischer Schmiererei die Tippzahlenreihen auf allen Turfzetteln. Und ganz zum Schluss, als er den Spruch der Freiheit wie einen Schrei ausstieß:

Prometheù'
Löse
Deine böse
Stimme mit Getöse
Trage
Meine Frage
Bis in ferne Tage
Kette
Und errette
Mich von dieser Stätte
Prometheù!

zerbrach er noch die Zäune der Koppeln, und die Pferde stoben in fröhlicher Unordnung in Felder und Äcker und auf die Hügel.

Die Gegenwehr des Dämons glitt zwar an seinem pendelnden Brustmedaillon, dem grünen Polygon, ab und traf nicht sein Herz, streifte aber seine Stirn, so dass ein blutender Riss über den Augen entstand. Jaromir musste daher seinen Spiralflug stoppen, um die Blutung zu stillen, da seine Verfolger damit seine Spur zu leicht hätten aufnehmen können. Die Grillen vergruben in Windeseile die auf die Erde gefallenen Blutstropfen. Und die Maulwürfe leckten ihm die Stirn, und da sie blind waren, würden sie ihn oder seinen Standort auch nicht unter stärkster Folter verraten.

Auf den Rücken der Schnecken kehrte er danach unerkannt in sein

Reich zurück. Und er fand Gefallen an seinen kleinen Wundertaten, die ihm nichts weiter brachten als ein kurzes, aber kräftiges Glücksgefühl. So konnte er es aber leider nicht verhindern, dass nun sogar die Rosshändler von ihm mit Hochachtung sprachen.

16

Am späten Vormittag kehrten die ersten Störche auf dem ermüdenden Weg über den Orient, das beliebte Morgenland, in diese Stadt zurück. Ein Pärchen ließ sich wie jedes Jahr auf dem Nachbarhausdach direkt auf dem höchsten, aber seit langem nicht genutzten Kaminschlot nieder. Und sie betrachteten von dort oben mit Wohlgefallen – wie es ihnen jener Meister, Ulu Üstat, in Aleppo unlängst aufgetragen hatte – plötzliche Veränderungen der Mansarde. Jaromir verwandelte aus purer Augenfreude seine Mansardenfenstergläser in bunte Butzenglasscheiben. Er konnte gar nicht mehr aufhören, das Nutzlose und Unnötige zu tun. Und es verging der Mittag damit, und alles, was er tat, war gut. Ohne Anstrengung und Schweiß!

Ein Letztes hatte er sich vorgenommen – nach der Mobilisierung der Tiere, nach der Karten- und Kaftankunst und mit der Kalligrafie, die mit der Remington Super als Redaktion einen Fetzen Ewigkeit beschrieb – nur noch auszuspannen. Es war die Musik, die er sich als neues Medium seiner Zauberei vorgenommen hatte. Für eine wirklich große Zauberei!

Da ihm der linke Schneidezahn zwei bei einem unsäglichen Kampf um Geisterhoheit vor einiger Zeit abgebrochen war, konnte er kaum die Mundharmonika, geschweige denn die Flöte blasen. An Klavier und Posaune war wegen des Gewichts oder der Größe und der Lautstärke in der Mansarde nicht zu denken. Deshalb entschloss er sich, wieder alten Beschwörungen und Zaubern zu vertrauen, und um 14 Uhr 14 fand sich auch prompt gemäß Verabredung durch ein transzendentes Gebet der Pirol, der Oriolus, bei ihm ein.

Auf dem direkten Weg aus Aleppo war er angereist! Übers gesamte Mittelmeer bis in diese Stadt! Das war doch eine tolle erste Zauberei für wirklich noch größere kommende Zauberkunststücke!

Der gelbe Vogel sicherte ihm derweil zu, er würde ihm gern seinen Gesang leihen, wenn davon das Glück der Welt abhinge.

»Aber«, so meinte der Winzling, »es gibt noch andere Stimmen, die sich leichter jedem Zauber unterordnen. Beispielsweise die Äolsharfe.« Ja, sie würde allen schmeichelnden oder rauen Winden gehorchen, wenn Jaromir es nur wollte.

Der Großmeister in Aleppo, im alten Haleb-es-Schabba, hätte sich deshalb schon mit Äolus, dem König der Winde, geeinigt – hieß es verheißend – zu jeder Zeit und an jedem Ort die Akkorde aufklingen zu lassen, damit den unnützen Dämonen endlich das Hören und Sehen verginge, gleichgültig, ob es ein Agatho- oder ein Kakodämon wäre.

Aber niemand wusste so genau, was das nun für Ungeheuer waren. Egal!

Außerdem versprach der Oriolus oriolus, die Kirch- und Glockentürme der Dörfer und Städte könnten als Jaromirs Verbündete gewonnen werden. Allen Glocken würde er Gelegenheit geben, ihren Klang für den Ruf in die Welt, für einen wirklich großen Zauber zur Verfügung zu stellen. Und wer es immer noch nicht verstanden hatte, musste jetzt erkennen, dass die Botschaft des Ulu Sihirbaz, des allergrößten Magiers aus Aleppo, über die Grenzen der Meere und über die Grenzen verschiedener Glaubensbekenntnisse in die bescheidene Mansarde Jaromirs gekommen war.

Dieser längst vom Lehrling zum kleinen Meister aufgestiegene Mensch nahm sofort die Damaszener-Klinge und ließ von ihr reflektiert die verglimmenden Strahlen der Frühlingsabendsonne in das Innere der Mansarde dringen, dorthin wo die Edelsteinpyramide und das grüne Polygon standen.

Jeder in der Stadt und in den umliegenden Dörfern vernahm nun unvermittelt mit dem Aufkommen des harmonischen Geläuts von Feuerwehr- und Messglocken, des Anklingens des großen Glockenspiels aus Porzellan hinterm Rathaus und der riesigen Bronzeglocke im Münsterturm auch die feinen zirpenden und klagenden Töne der Äolsharfen von den nahen Weinbergen und von den fernen Hügeln an der ligurischen und tyrrhenischen Küste. Das hörten natürlich nur die, die nicht mit einem Walkman herumliefen und in Lautsprecher brüllenden Automobilen bei geschlossenen Fenstern saßen. Aber die anderen wurden selbstverständlich unwissende Zeugen eines großen Zaubers.

17

Jasmin-Fatma trudelte erst ein, als sich der Nachmittag gänzlich dem Abend zuneigte. Sie erschien grell geschminkt und war sogar in eine unerhörte Duftwolke gehüllt. Trotz aller kritischen und skeptischen Gedanken organisierten beide Mansardenbewohner gemeinsam erst einmal ohne Fragen oder Kommentare das Abendbrot und die Vorbereitungen für die Nacht. Noch lange klangen von Ferne die Äolsharfen bis ins Haus. Jasmin blieb deshalb mehrfach stehen oder hielt in ihren Bewegungen inne, wenn die klagenden Töne allgegenwärtig waren. Sie fragte aber nicht.

Jaromir entschloss sich nach einem Glas leichten Weins, diesmal nicht ins gemeinsame Nachtlager zu kriechen. Stattdessen entschied er sich, zum allerersten Male den Zauber der Körperlosigkeit anzuwenden, um in dieser unsichtbaren Verkleidung eine neue Ruhe zu finden.

Dazu bediente er sich ausschließlich einer akrobatischen Gestik, weil sein alter Meister einmal gewarnt hatte, bei einer Entmaterialisierung, die ja die Körperlosigkeit zur Folge hatte, zu auffällige Zaubersprüche anzuwenden. Denn, so hatten auch wir es verstanden, sollte irgendein Tunichtgut, ein Dämon, eine Hexe, eine zügelloser Wüterich gar seiner Verwandlung kundig oder habhaft werden, wäre eine Rückkehr in die Körperlichkeit für immer ausgeschlossen.

So verschwand Jaromir dann auch urplötzlich im Halbdunkel des Raums. Es bewegte sich zwar noch ein Vorhang, aber sein Schatten fiel weder auf die Zaubergläser noch ins Gesicht Jasmins und schon gar nicht auf Wände oder den Boden.

Leicht hätte sich Jaromir jetzt aus der Mansarde stehlen können, um entspannt zu den weit verstreut grasenden Pferden zu laufen oder hoch in die Glockentürme zu steigen. Aber er blieb dennoch im Raum und spielte mit dem Gedanken, Jasmin auch zu verzaubern. Und wiederum brach ihm dabei der Schweiß aus, und er war froh, dass er sich rechtzeitig unsichtbar gemacht hatte. Mühen waren eben doch mit Schweiß verbunden!

Für die Körperlosen ist Schlaf allerdings keine Frage des Überlebens mehr, hieß es in den Zauberanleitungen. Schlaf war keine Flucht und auch nicht der Verlust von Erinnerungen und Zukunft. Das hatte jener Weise von Aleppo sehr deutlich erklärt.

Aber als Jasmin dann nach Sonnenaufgang in schrillem Diskant ständig seinen Namen rief:

»Jaromir, Jaromir, Jaromir ...«

kam bei ihm doch erstes Mitleid auf, und er konnte sich nicht mehr allzu sehr gegen die Rückkehr als sichtbarer, körperlicher Mann wehren.

Und dann klingelte es auch bald. Er wickelte gerade die Schärpe über den Kaftan, um sich auf seine Zeichenarbeit einzurichten. Sehr schnell erreichte er deswegen nicht die Tür. Und Jasmin öffnete sie stattdessen schon und stand dort so duftig, wie es eine orangerote Blüte in der aufgehenden Sonne nur sein konnte. Der Bankmensch hatte offenbar sein selbst gegebenes Wort gehalten. Im Flur befand er sich, adrett gekleidet, und lärmte mit dem Guten Morgen herum. Schon trat er mitten ins Zimmer, so weit sogar, dass es Jaromir wie eine Belästigung vorkam oder wie die Gewalt eines Gegenzaubers derer, die ihn nicht länger in der Stadt dulden wollten. Oder, oder? Oder!

Um endlich Klarheit über seine eigenen Fähigkeiten, seine Macht und seine Gefühle zu Jasmin zu gewinnen und um sie vielleicht doch noch vollends in seinen Bann zurückzuziehen, stimmte der Zauberer zu, sich an einem Experiment zu beteiligen. Denn er beobachtete wiederum, wie stark die Anziehungskraft jenes nachbarlichen Mannes auf seine Freundin war. Jasmin schwirrte um den breitspurig redenden Fremden nämlich wie ein Kolibri.

War es nur die reaktionär-elegante Kleidung im neuesten Schnitt, die das bewirkte? Waren es auch seine Ausstrahlung, das Geprahle, das Großspurige? Oder war es vielleicht ein völlig anderer Zauber, dem Jaromir etwa nicht gewachsen war?

Inzwischen verabredeten sich die Drei allerdings zu einer gemeinsamen Exkursion.

Ziel wäre, so balzte der Bänker unverblümt heraus, die schönen Seiten des Lebens endlich selbst aufzuschlagen. Und Jaromir trat, ohne dass er jetzt noch irgendetwas verhindern konnte, erneut der kalte Schweiß auf die Stirn. Von der Nase perlten die Tropfen, und die Handflächen wurden feucht.

Und als hätte sie schon darauf gewartet, stieß Jasmin nun noch mit leicht verächtlicher Miene die Worte aus:

Bazan sihirbaz da terler – Manchmal schwitzt auch der Zauberer!

Sie und der Schaltermann verabredeten sich darum noch weiter zwischen Tür und Angel, bei ihrem verabredeten Coup in der Bank äußerst vorsichtig vorzugehen. Wenn nämlich, wie es schien, dieser unmögliche, ungelenke und offensichtlich zu schwache Zauberer tatsächlich bei dem Experiment versagen sollte, wollten sie nicht mit hineingezogen werden.

Denn wer schwitzte, sei sich seiner überhaupt nicht sicher, sagten sie sich. Das wären doch beste, deutlichste Anzeichen von Schwäche. Wenn der Zauberversager dann Fehler machte, dieser zwar gutmütige, aber höchst einfältige Magier, könnte man ihn ja auch gleich opfern.

Gitter, Gefängnis oder einige Jahre geschlossene Gesellschaft schienen keine guten Aussichten für die sich anbahnenden persönlichen Beziehungen zwischen Jasmin-Fatma und dem aufstrebenden Geldmagnaten zu versprechen! Besondere, tiefe Beziehungen, auf die sich die Verschworenen insgeheim doch noch zu einigen hätten! Aus diesem gesamten Schlamassel wollten sie sich unbedingt heraushalten! Und sie, die orientalische Schöne, konnte den hauseigenen Zauberer vielleicht dann überhaupt nicht mehr gebrauchen. Diesen schweißtriefenden Alten! Bah!

Gleich darauf waren sich die jetzt so eng Verbündeten schnell einig, dass dieser Ernstfall einer Mitschuld an sich nicht eintreten durfte. Dem Zauberer hingegen, nun, dem könnte ruhig alles Mögliche zustoßen. Warum auch nicht? Moderne Zeiten brauchten doch keine Mysterien. Und die Verschworenen waren sicher, es würde sich bei genauer Planung schon irgendwie alles, aber auch alles zu ihren Gunsten fügen!

18

Als Zeitpunkt der Aktion wurde fünfzehn Uhr dreißig, ein Termin kurz vor Schalterschluss, verabredet.

Jasmin saß bereits zu diesem Zeitpunkt unscheinbar im Foyer vor dem Kundenberatungs-Tresen, als Jaromir ganz unauffällig gekleidet mit den

Händen in den Taschen die Bank betrat. Sie konnte aber sehen, dass er beide Hände bereits in Zauberermanier in den Taschen gespreizt hatte. Von Schweiß war jedoch nichts auf seinem Gesicht zu erkennen. Und Jaromir stellte sich ruhig und sogar völlig gleichgültig wirkend am Schalter an. Dann kam er an die Reihe und bat wie verabredet um einen Antrag für ein Schließfach. Schnell war das abgewickelt und auch in der gebotenen Eile gewährt, die der nahe Geschäftsschluss um sechzehn Uhr erforderte.

Der Bankkomplize führte ihn gleich darauf ins Souterrain zu den Schließfächern. Und die Kameras bewegten sich im üblichen Schwenk mal nach rechts, mal nach links. Oder mal nach links und mal nach rechts. Die Schließfächer lagen aber wie vorgeschrieben im toten Winkel dieser Argusaugen, weil sonst jeder Besucher die Fachinhalte bei Öffnung hätte einsehen können.

Jaromir erhielt nun das Fach mit der Nummer 2327 zugewiesen, das Fach also, dessen Zahl erwiesenermaßen dem Steigungswinkel der Grabkammer des Dido-Orakels und auch der Ekliptik des Planeten Erde entsprach. Und dieses Fach lag außerdem dicht neben dem Gitter zur Hochsicherheits-Geld-, Gold- und Schatzkammer der Bank und zudem in bequemer Handreichhöhe. Man brauchte sich nicht zu bücken. Jaromir ließ sich das Fach von seinem vermeintlichen Kumpel öffnen und führte unmittelbar danach beide gespreizten Hände ein.

Der üblichen Regel gehorchend trat der Angestellte zurück, um selber in den Kameragesichtskreis und außerhalb jedes Verdachts zu geraten, und wartete ab. Währenddessen hielt Jaromir die Finger weiter gespreizt und hatte sie zum magischen Kreuz übereinander gelegt. Anschließend kletterte das Streifenhörnchen flink aus seinem Ärmel mit dem Regenbogenzirkel in den Pfoten heraus und ließ sich im Fach abwartend nieder.

Und in diesem Moment, der jedem mit absoluter Magie vertrauten Beobachter ein wahres Entzücken entlockt hätte, passierte und schlüpfte Jaromir körperlos durch die Gitterstäbe des Raumes, ohne das Schiebegitter zu bewegen. Und die tonnenschwere Tresortür dahinter schwang zudem gleichzeitig geräuschlos auf. Die fein gebündelten Banknoten in den Regalen, die jetzt wie erwartet sichtbar wurden, sahen in diesem Moment wie einfache weiße Pflastersteinstapel aus. Nunmehr öffnete das Streifenhörnchen auf einen leisen Pfiff hin den Regenbogenzirkel im Schließfach, sodass sich quer durch das Gitter, durch die Tresortürschächte und die Geldregale mit einem einzigen Schwung ein strahlender Bogen entwickelte, der damit bewirkte, dass alle Sensoren, Kameras und Bildschirme keinerlei Bewegung, keine Temperaturveränderung oder Geräusche mehr aufzeichnen und wiedergeben konnten.

Niemand in der Bank und in den angeschlossenen Sicherheitszentralen bemerkte daher, wie unter den Deckmantelfarben des Regenbogens von Ultrarot bis Violett einige Großnotenpakete – die Zweihunderter und die Fünfhunderter – in die Rock- und Hosentaschen des Bankmenschen wanderten. Ohne dass der sich dagegen überhaupt wehren konnte!

Und als sich der Regenbogen langsam zurückzog, stand Jaromir wieder vor dem Gitter, und der Geldbepackte befand sich zugleich auf der anderen Seite, dahinter im Tresorraum, ohne dass die Schiebetür auch nur einen Millimeter bewegt worden wäre. Jaromir schloss sein Fach, nachdem er einen Meteoritensplitter aus dem Sternzeichen des Schlangenträgers Ophiudius darin hinterlassen hatte. Und das Streifenhörnchen, Pegaso genannt, kletterte diesmal auf Jaromirs Hutkrempe. Und mit ihm lief Jaromir geschwind die Souterraintreppe hinauf und verließ die Bank aber ungerührt und seelenruhig wie nie zuvor.

»Ulu, ulu!« – was ja Allmächtiger oder so ähnlich heißen sollte – stammelte die immer noch im Kassenraum sitzende Jasmin angesichts des für sie unerklärlichen Vorgangs.

Sollte der ehemalige Freund und Zauberer nicht erst am nächsten Morgen nach einer Nacht im Tresorraum auftauchen?

Doch war dieser Ausruf für den Allmächtigen eigentlich schon so etwas wie der Applaus, von dem der große Meister, der Ulu Üstat – der Sihirbaz im Taurus – einst auch ausführlich geschrieben hatte. Wenn eine außergewöhnliche Großzaubertat vollbracht worden war.

Ulu, ulu!

Da es ja immer noch Nachmittag war, schlenderte Jaromir langsam und weiterhin äußerst gelassen wie nie zuvor durch die Stadt. Er zögerte nicht, nachdem er sich den Mantelkragen hochgeschlagen hatte, um nicht nur dem Streifenhörnchen einen kuscheligen Platz zu bieten – er zögerte also nicht, noch eine lustige Ampelkonfusion am Marktplatz zu zaubern. Dort, wo er Platz und Kreuzungen überqueren musste, hatte er für sich selbst natürlich immer grün geschaltet. Und den am Boden und in den Geschäftspassagen hockenden Bettlern und Berbern warf er noch großmütig die eine oder andere Münze in den Hut oder in die Konservenbüchsen.

Er achtete dabei nicht darauf, ob es nun gerade eine thrakische Sesterze oder ein preußischer Taler war, die er verschenkte. Völlig in Gedanken zauberte er sie einfach aus seinem losen gängigen Münzgeld in der Hosentasche daher und achtete nicht auf deren materiellen Wert. Aber die so beglückten Bettler sahen ihm noch lange nach, als sie – ob nun blind oder einarmig – die Goldstücke erstaunt in ihren Händen hielten und lüstern betrachteten.

19

Der Frühlingswind sprang ihm zwischen den Querstraßen und Hauslücken unter den schwach grünen Bäumen unvermittelt ins Gesicht. Dagegen wollte er aber auch nichts unternehmen. Den Böen gönnte er dieses Vergnügen. Denn der hohe Kragen schützte ihn und das Streifenhörnchen Pegaso ganz gut.

Dann erreichten sie bald in ein leises Zwiegespräch vertieft den kleinen Hafen. Ach ja, so selten war er hier gewesen! Viel zu selten!

Eigentlich doch nur, um mal Fisch zu kaufen oder um leere Austernschalen aufzuheben, wenn er sich neue Farben für seine Malerei angerührt und gerieben hatte, die er dann in den Muscheln trocknen ließ und sie darin aufbewahrte! Jaromir setzte sich am Kai auf ein grünbraunes Netzpaket der Fischer und lauschte auf das Knattern der Segel und auf das Schlagen des Seewassers zwischen Altreifen, Buhnen und Schiffsrümpfen.

Unbemerkt hatten sich die Tauben und Stare und nach einer Weile auch die Seemöwen um ihn versammelt. Die lauschten seinen leisen Versen, die er zur Erinnerung an melancholische Stunden an den süßen Wässern Asiens erfunden hatte:

Trage mich davon
Trage mich im Schoß
Erde, nimm mich schon
Lege meine Seele bloß

Fülle meinen trägen Bauch
Mit deinen braunen Steinen
Meine Zitterhände tauch'
In alle quirlig reinen

Wässer deiner Täler
Deiner Hügel blau und klar
Nimm nun, mein Erzähler
Deine große Stille wahr

Trage mich davon
Trage mich im Schoß
Erde, nimm mich schon
Lege meine Seele bloß.

Die Schauerleute auf den kleinen Frachtern, die Holz, Baumwolle und Getreide verluden, wurden dieser merkwürdigen Versammlung am Pier gewahr. Mensch und Stare und Tauben und Möwen in einer Traube voller Leben.

Und als die Arbeiter sahen, wie diese Kreaturen alle in großer Harmonie, ohne Gezeter, ohne Streit miteinander umgingen und gemeinsam auf den Abend warteten, schleppten sie schlicht einen aufgebrochenen Getreidesack herbei und entleerten ihn ganz. Für das gefiederte Volk, das sich wie verzaubert um den vermeintlich einsamen Mann scharte, war das auch eine willkommene Wegzehrung für kommende Nacht oder mehr. Sobald alle Geschnäbelten genug Körner aufgepickt hatten, erzählten dann auch die Tauben, was sie in der Stadt an der Bank noch beobachtet und erfahren hatten.

Bei Geschäftsschluss hatte man tatsächlich den Schaltermenschen hinter Gittern eingesperrt vorgefunden. Und er hatte keine Erklärung zustandegebracht, wie er da hineingelangt war. Die Gitterschlösser waren völlig unversehrt. Seine Schlüssel passten dafür nicht. Der Tresorraum war jedoch offen, und in seinen Taschen fanden sich neben den aktuellen Banknoten aller konvertierbaren Währungen auch jene fremden Münzen aus Jaromirs Hosentaschenzauberladen. Dublonen, Dukaten, Zechinen. Die Dienstleistungs-, Kontroll- und Sicherheitsmannschaften der Bank, der Aufsichts-

behörde und der Polizei zerbrachen sich derweil die Köpfe, und alle Welt außerhalb der Bank war in heller Aufregung.

Die Tauben hatten sich bald danach vom Bankvorplatz zurückgezogen, bevor man den offenbar unlauteren Menschen wohl noch intensiver befragte. Die Vögel des Friedens interessierte das lange Palaver nicht mehr.

Und als schließlich alles mit Wind und Wetter zwischen den Zeilen draußen im Hafen erzählt worden war und jeder Vogel satt und ruhig in den Abend blickte, erhob sich der Zauberer Jaromir und ging gemächlich den Weg, den er zuvor genommen hatte, zu seinem Mansardenhaus zurück. Die Möwen, Stare und Tauben begleiteten ihn nicht mehr. Sie formten sich zu den Abendwolken, die mit dem warmen Landwind auf das Meer hinaustrieben. Und die Betrachter des Abendhimmels würden sie nur für Vorboten von schlechten oder auch guten Zeiten halten, wenn sie sich denn je Zeit nähmen, näher hinzusehen und darüber nachzugrübeln.

Statt der Stare hatten den Magier jedoch die Fledermäuse unter ihre lautlos schützenden Fittiche genommen. Die Passanten, die ihm begegneten, hielten die Fledermäuse allerdings nur für verlorene, verwehte Luftballons, die ein etwas merkwürdiger Spaziergänger mit sich schleifte. Am Stadtpark grüßten Jaromir noch die Maulwürfe und sogar die Ringelnatter. Und die tat das, obwohl doch schon eine empfindliche Abendkühle ihre Bewegungen arg behinderte. Sie bewunderte den Mann in seiner Gleichmut unendlich und beschloss, es ihm gleich zu tun.

Und so trat Jaromir in die Mansarde und fand Jasmin zusammengekauert wie einen kleinen Heuhaufen in der Steppe vor den Stadttoren von Aleppo. Sogleich fielen ihm auch die anschwellenden Äolsharfenklänge auf, als der aufgehende Halbmond überm Haus sein sparsames Licht auf das grüne Polygon tropfte. Schon wollte er in den Regalen nach Elixieren und Essenzen suchen, um Jasmin aus ihrer Verwandlung zurückzuhelfen. Aber dann, im gleichen Moment, war es ihm auch wieder egal!

Er blieb kühl und gelassen, nahm sich aber vor, in dieser Nacht die Fenster offen zu lassen, damit seine geheimnisvollen Partner und die eigenen Gedanken ein- und ausfliegen konnten. Und wenn man genauer hinsah, konnte man jetzt schon ein Fledermaus-Pärchen im Gebälk hängen sehen. Jaromir spreizte anschließend nach bewährter Manier die Hände und schuf sich so mit dem wohlfeilen Spruch:

die angenehmste Atmosphäre für die Nachtruhe.

Die Seidenvorhänge verschränkten sich zu sonderbaren, aber bedeutungsvollen Zeichen und erweckten die Illusion einer Traumwelt. Doch! Jaromir ließ noch einmal ganz real den Tag an sich vorüberziehen. Er verspürte aber dabei nicht noch einmal die Genugtuung, sondern nur Ruhe und die Gewissheit seiner Macht zwar auch – aber ganz obenauf doch die neue Erfahrung, dass er noch vieles zu lernen hätte. Und während er sich wusch und anschließend in sein Nachtgewand hüllte, bemerkte er, wieviele zusätzliche Falten und graue Haare entstanden waren. Es war also nicht nur der Schweiß der Mühe, sondern … ach, wer weiß!

20

Feine Rauchschwaden und Düfte zogen vom Holzkohlenbecken durch den Raum. Jasmin hatte ihre Haltung bei all den Vorgängen nicht verändert. Nicht, als das Polygon zu leuchten begann. Nicht, als sich weitere Fledermäuse einfanden. Und vieles andere sich bewegte oder angeregt wurde!

Sie zog jetzt die seidenen Schleier nur noch fester um sich, und mit einem den Äolsharfen verwandten Gesang begann ihre Verwandlung durch den großen Zauber, der sie berührte.

In ihrem blauschwarzen, üppigen Haar erschienen mehr und mehr graue oder weiße Einzelhaare und Strähnen. Die ockerfarbene Haut, die über die Jochbögen, Schlüsselbeine und die zarten Brüste gespannt war wie Malvenblätter, wurde fahl und welk. Die kauernde Haltung, die bisher immer der einer eurasischen Prinzessin ähnlich war, wandelte sich zur Stellung einer Heuschrecke. Mit leisem Knistern riss die Haut an ihrer typisch ägyptischen *al-Misriya*-Nase ein und glitt in großen Falten über die Schultern am Körper ab. Und nach einer langen Streckphase, die Jaromir vom Diwan aus mit abwehrend gespreizten Händen verfolgte, lag Jasmin, von ihrem offenen, gealterten Hautkokon umgeben, still wie eine Schmetterlingspuppe vor ihm.

Als er in ihre Augen blickte, erkannte er die Illusion einer unvergänglichen Trauer, die er vielleicht zu lange für einen besonderen Zauber gehalten hatte. Ihre Haare glichen den Spinnweben, die man nicht wegzaubern konnte, wenn man den Spinnen nicht schaden wollte. Und ihre neue Haut, die sich in dieser endlosen Nacht schlagartig regeneriert hatte, war genauso alt wie die seine.

Als er ihr wieder in die Augen sah, sagte sie leise:

»Saddet evet gelecek«,

was heißen sollte: Glück und Zukunft.

Aber war es auch so gemeint?

Weil aller Zauber vergangen war, durfte so gefragt werden. Die Zeit hatte beide nunmehr eingeholt, denn seine Handflächen wurden feucht von Schweiß. Nach einer sehr langen Zeit – es war schon der aufgehende Frühlingsfestmorgen am nächsten Tag – begannen sich die Töne naher und ferner Äolsharfen in der Mansarde auch neben die Fledermäuse zu hängen.

Die nunmehr alte Frau strich ihm über die Augen und sprach: »Ulu ulu sihirbaz üstat! Allergrößter Zaubermeister!«

Damit begann ein neuer Tag. Selbst die Stare kannten nun diesen gewaltigen Spruch auswendig: »Ulu ulu sihirbaz üstat!«

Und wenn ihr, meine Zuhörer, an diesem heutigen Morgen und an den kommenden durch die Straßen unseres Städtchens gehen werdet und die Tauben und Stare beobachtet, dann achtet darauf, an welchem Mansardenfenster sie Rast machen. Dort wohnt vielleicht der Zauberer immer noch.

Überfordert ihn aber nicht mit euren Wünschen, denn er schwitzt manchmal, wenn er etwas für sich und seine Freunde erreichen will. Und die Zeit aufzuhalten versucht!

DAS LOGBUCH JULIUS'
D
B
C
A

Das Logbuch Julius'

Ein kleines Welttheater

1

Als der Onkel Jean-Julius Gerlach Friedrich starb, kam die ganze Familie aus allen Ecken des Landes zusammen. Obwohl Jean-Julius Gerlach F. unverheiratet war, gab es eine ansehnliche Sippe aus allen Berufsständen, Bildungen und aller Couleurs. Es bestand uns also eine wohltuend buntgemischte und turbulente Leichenfeier bevor. Auch das Dorf, in dem Julius seine letzten Jahre in Zufriedenheit zugebracht hatte, machte in großer Anteilnahme mit. Es hätte bei einer Hochzeit deswegen nicht fröhlicher und wilder zugehen können!

Der Leierkastenspieler aus der Nachbargemeinde war mit dem Lieferwagen des Bäckers geholt worden. Die Pfeifer der Ehrenwertgesellschaft der Feuerwache und der kahlköpfige Wärter des Wasserturms, ein Kornettbläser, spielten auf. Und die gesamte Dorfjugend der näheren Umgebung war hingelaufen, um bei dieser Musik, deren Ursache sie nicht kannte, das Tanzbein zu schwingen.

Rundheraus: Es wurde eine pompöse Leichenfeier!

Nach allen Reden und Kondolenzgesprächen, die dem Onkel irgendwie gerecht wurden oder auch nicht, verliefen sich die Fremden schnell. Beisammen blieben nur die zusammengewürfelte Schar der nächsten Verwandten und die wenigen zittrigen Alten, die ihre Zeit in den letzten Jahren mit dem Onkel mal hier, mal da verbracht hatten.

Und was war das für ein herrlicher Herbsttag! Es war einer von jenen Tagen, die schon von weitem nach Schmalzbroten und Wein rochen. Und die Dunkelheit und die Feuchtigkeit der Champignonwiesen kamen zwar sehr früh ins Gehöft, aber zusammenrücken mussten die Verwandten ohnehin, um den langen Erzählungen über Onkel Julius gut zuhören zu können.

Bei den letzten Gläsern Bier und Schnaps kam man dann auch endlich zur Sache. Steve, der junge, dynamische Programmierer fragte, nämlich unvermittelt, was es denn zu erben gäbe, denn die Räuberpistolen und deftigen Zoten, die man vom Onkel Jean-Julius erzählte, wären doch sonst die eine oder andere Reise nicht wert gewesen. Oder?

2

Julia, die jüngere Schwester von Julius, spitzte vorwurfsvoll die faltigen Lippen, als sie sagte, dass dafür morgen noch genug Zeit wäre. Aber andere, Mäxchen und Petermann, auch Rosso, der Halbire, unterstützten Steve. Die Frauen hielten sich zwar noch zurück, denn sie glaubten nicht, dass Jean-Julius Gerlach Friedrich große Schmucktruhen angefüllt hätte. Oder hatte er gerade in seinem ehelosen Leben die Pretiosen angehäuft und zuweilen auch verschenkt, wenn er sich eine besondere Gunst bei der einen oder anderen Dame zu erheischen versuchte? Und hatte er etwa die Geschmeide nach der Trennung von dieser oder auch jener Begehrten vielleicht wieder zurückverlangt?

Paul, den sie alle den Kleinen nannten, aber wohl vergessen hatten, dass damit eigentlich der Kleinliche gemeint war, also dieser Paul sagte: »Na gut, dann machen wir morgen halt eine Bestandsaufnahme vom Boden bis zum Keller. Ihr müsst eure Ungeduld noch einmal mit ins Bett nehmen. Nicht wahr?«

Kätzchen und Steve krochen zusammen. Jeder suchte sich ein passendes Plätzchen und war sich bewusst, dass es die letzte Nacht ohne Störung, ohne Aufregung im alten Nachlasshaus werden würde.

Im Taubenschlag auf dem Hof war schon lange Ruhe eingekehrt. Nach der Geisterstunde trippelte auch endlich der graue alte Wachhund aus der Scheune zum Wohnhaus, stupste die Haustür auf und legte sich alter Gewohnheit gemäß vor das nun verwaiste Bett seines verstorbenen Herrn. In erkennbarer Trauer schob er den Kopf auf die harte Bettkante und schlief in dieser fast ehrfürchtigen Haltung ein, nachdem er noch lange die letzten Geruchsfetzen seines Herrn in sich aufgenommen hatte. Morgen würde wohl alles anders werden!

3

Schon beim Frühstück stand fast jeder noch einmal auf, um im Haus auf und ab zu gehen. Kauend oder schlürfend, irgendwie sogar herumirrend, um die Möbel, Gardinen, Nippes und all den anderen Krimskrams zu begutachten. Steve hatte jedoch kein Auge für die Kinkerlitzchen. Seine Blicke lagen auf Anrichte und Marmorwaschtisch. Marion dagegen ließ mit Genuss die Porzellanfigürchen und Mineralien, den Affenschädel und die Theaterplakate durch die Hände gleiten. Viele scharten sich um die Bücher und Schallplatten, um die Tischwäsche ebenso und was man sonst noch im Haushalt gebrauchen konnte. Der Rest der Trauernden wühlte sich bald auch durch Akten und Koffer und Schubkästen mit Briefen und Rechnungen.

Ohne jegliche Scham würfelten und teilten die Mitglieder der Verwandtschaft das Fell des von der Zeit erlegten, brummigen und kauzigen Bären Jean-Julius, der allen und jedem als Abenteurer, Sonderling, Gönner, Geizhals oder Einfaltspinsel geläufig war.

Nicht wie üblich in der äußersten Bodenecke in einer wurmstichigen Truhe fand Mäxchen schließlich die Golddukaten, sondern offenkundig im obersten Küchenschub. Zwei Kaisertaler! Zwischen den unzähligen Fotos und Dias erwischte Steve überdies eine Liste der gesammelten Bankkonten. Marion hingegen sortierte das Besteck aus, und Rosso krabbelte durch alle Bücher, die sich da so versammelt hatten, nachdem andere schon vorher gierig auf solche Folianten wie Boccacchio und Bonifatius Kiesewetter aus waren. An einem Buch, das einen schmierigen, titellosen Rücken aufwies, kam er allerdings nicht vorbei.

Er zog es aus der Reihe, um innen nach dem Verfasser und Titel zu schauen, und stellte fest, dass die Seiten randvoll handgeschrieben waren. Und während sich die anderen um die facettengeschliffenen Spiegel, den Brokat und karierte Laken mit irgendwelchen herzoglichen Insignien zu streiten begannen, ging Rosso mit eingeklemmtem Daumen zwischen dem Deckel und den paginierten Seiten des titellosen Buches auf den Hof.

4

Ihn hatte jetzt ein seltsames Gefühl erfasst. Und er merkte überhaupt nicht, dass er ganz dicht am Taubenschlag vorbei durch Hühner- und Taubenkot schritt. Erst dann hörte er auf, in Gedanken dahinzugehen, als sich das verrostete Gartentor nicht mit einem Handgriff öffnen ließ. Rosso musste das Buch zwischen die Zähne nehmen, um beide Hände für das Tor frei zu haben. Schließlich gab das alte Schmiedewerk unter Flüchen und nach mehreren Fußtritten kreischend nach. Und Rosso schritt weiter mit dem sonderbaren Geruch des Buches, das er gerade dicht unter der Nase hatte, durchs hohe Gras, das schon lange, lange nicht mehr gemäht worden war.

Und wiederum lief Rosso – inzwischen vollends in die helle Vormittagssonne getaucht – mit seinen brennendroten Haaren voran in den weiten Garten, ohne eigentlich nachzudenken. An den uralten Apfelbäumen, die voller toten Holzes und steiler Schosser waren, stand er endlich still und kletterte dann in einen der Bäume, der früher offenbar einen Verschlag wie einen Hochsitz oder eine Baumburg getragen hatte. Kinder hatten sie vielleicht gebaut und für irgendwelche Schabernacks und Scharmützel genutzt.

An der Jacke, an der Hose klebten die schwarzgrauen Borkensplitter. Die Hände waren rußig, als er sich in der Krone hinsetzte, sich dazwischen zwängte und die Beine hängen ließ. Dann öffnete er das Diarium erneut und stellte fest, dass die Paginierung eigentlich auf dem Kopf stand und das Buch davor bewahrt hatte, von anderen, von den an jeglichem Familienklatsch Interessierten aufgeschlagen und zum Besten gegeben zu werden. Das Buch hatte sich so klug verhalten und sich so listig versteckt, als die Neugierigen lüstern den Brief- und Buchbestand durchkämmten.

Rosso blickte auf, als das Gekreische des eisernen Gartentores wieder zu hören war. Und Elzbieta, eine entfernte Kusine oder so, kam hindurch mit gesenktem Kopf. Sie trug etwas im Arm, das sich beim Näherkommen als eine Gruppe von Puppen abzeichnete. Diese Elzbieta war aber ganz versunken, verträumt, als ginge sie mit einer Kinderschar auf diese alte, dicht bewachsene Herbstwiese.

Sie sah dann auch Rosso mit seinem roten Schopf und rief erfreut: »Hallo, Vetter! Schau mal, was diese Zwerge für Augen und Arme und Hände haben. Sind sie nicht putzig?«

No.
47

Dann kletterte auch sie hinauf in den Apfelbaum, denn Platz war noch genug. Die Puppen, die Marionetten, die Stofftiere ließen ebenso sofort die Beine baumeln. Und im späten Vormittagslicht sah diese kleine Gruppe wie eine Familie auf der Wanderung durch die Heide zwischen Raven und Wetzen aus.

5

Elzbieta, von der niemand genau wusste, wie – also um wie viele Ecken – sie mit der Familie verwandt war, und Rosso, der ein irisches Abenteuer der Tante Julia sein sollte, saßen fern von allen Erbjägern im Apfelbaum. Mit den einfachsten Dingen der Welt!

Während die anderen von der jungen Frau fast nichts wussten, sagten manche von Rosso, dass er anlässlich eines Sprachkurses von Jean-Julius in den Kreis der Familie getreten wäre. Wie auch immer das gemeint war. So saßen nun die beiden Ungleichen im Baum und sahen verlegen dem in den Puppenhaaren spielenden Wind und den flatternden Tagebuchseiten zu. Die Sonnenstrahlen zeichneten die letzten gelbgrünen Blätter als flimmernde Herbstschatten auf die Gesichter der Puppen und der beiden Menschenkinder. Und als die Harlekinspuppe dann plötzlich kopfüber ins Geäst fiel, schlugen sie endlich die erste Seite des Diariums auf und lasen die Blockbuchstaben:

LOGBUCH
des Jean-Julius G. Friedrich
1948

Schräg darunter gekritzelt stand auch:

mit Nachträgen zur Reise
in den Antiatlas und über Wanderungen
nach Morbihan an die Monts d'Arrée.

Wieder kam leichter Wind auf und drückte eine andere Puppe, die Puppe der Prinzessin Jeanne, zappelig von ihrem Platz, so dass sie auf den

Rücken fiel. Gleichzeitig flogen Elzbietas Haare Rosso ins Gesicht. Daher musste er aufhören zu lesen, obwohl er die ersten Zeilen bereits zweimal überflogen hatte und nichts, kein Wort davon behielt.

Sie begannen aber gemeinsam dann die erste Seite richtig zu lesen:

1948

Mit dem ersten Rausch seit vielen Jahren –
denn die zwei, drei Glas Halb und Halb
bekommen einem ja gar nicht bei dem wenigen, was man im Magen hat –
habe ich beschlossen, nicht mehr zu hungern, nicht mehr zu frieren, nicht mehr zu betteln.
Ich habe auch beschlossen, auf Familie, Lehrer und so genannte Freunde keine Rücksicht mehr zu nehmen.
Um mich für die Alternativen zu entscheiden,
die sich mir für mein kommendes, aber einziges Leben bieten,
habe ich heute Morgen
die Münze geworfen. Und da diese Münze nach mehrmaligem Hüpfen
auf dem Pflaster des Käsemachermarkts auf der Kante stehen blieb,
sich also für keine der Alternativen hinlegte,
war ich so hilflos wie in den Kinderjahren vor …

Als beide weiter etwas radebrechend, etwas buchstabierend die folgenden Seiten lasen und den Abschied Julius' vom Elternhaus und seinen Wanderweg verfolgten, bemächtigte sich ihrer auch dieses seltsame Gefühl des Fernwehs, so wie es vielleicht Onkel Jean-Julius heimgesucht hatte. Im leicht aufkommenden Wind begannen die Logbuch-Seiten und die Apfelbaumblätter zu zittern, so dass vor Elzbietas und Rossos Augen alles verschwamm.

Alles im Garten. Alles vom Haus am Hang. Alles.

Und der Apfelbaum mit dem oben eingefügten Bretter- und Kistengehäuse löste sich plötzlich mit dem gesamten Wurzelballen aus dem Obstgarten. Dadurch flogen sie mit diesem vielblättrigen Puppenhaus sogleich über den Fluss und den nahen See. Hoch aufschwebend und schräg!

Wirklich, ungelogen! Die Kapitänspuppe und das Krokodil hatten längst das Kommando übernommen und richteten die siebensprossige Leiter des Baumhauses als Steven auf. Es war halt ein Flug der Sehnsüchte. Weit ins Land, weit in die Geschichte und Geschichten der Vorfahren von Elzbieta und Rosso und darüber hinaus.

Auf den Seitenflügeln des Logbuches Julius'!

6

Erst an der alten Schleuse, von der man neulich schon so Sonderbares, gar Erschreckendes gehört hatte, setzte der Baumwurzelballen wegen des zu starken Gegenwinds auf. Der Schleusenwärter kam aus seinem Kabuff und begrüßte die Baumbesatzung überschwenglich. Er hätte die fliegende Gesellschaft schon von weitem erkannt, denn sie wären doch die Gestalten aus den fast vergessenen Tagen eines gewissen Jean-Julius ... Eines Mannes, der alles, aber auch alles bewerkstelligen konnte! Und der Visionen und Wünsche hatte! Mein Gott, wie lange war das her? Er, der Wärter, erinnere sich dennoch so gut!

Da der Mann meinte, dass sich seit der damaligen Anwesenheit Jean-Julius' niemand mehr ausführlich um ihn gekümmert hätte, mutmaßte die schönste Puppe, jene Prinzessin-Marionette namens Jeanne, Julius hätte sie wohl alle nach seinem Tod auf die seltsamste Weise mit dem Logbuch als Kundschafter und Botschafter losgeschickt. Sie, diese seltsame kleine Familie in der Baumburg, sollte noch einmal die wichtigen Lebenswege des alten Herrn bereisen! Vielleicht, um eine Auferstehung zu versuchen?

Eine verwegene Auferstehung!

Bernard, der Schleusenwärter, führte sie in den kleinen Raum, den er mit Bett, Wurlitzerorgel, zwei Schleusenklappen-Rädern und einem Kanonenofen teilte. Er erzählte dann auch, dass Julius damals der einzige war, dem es nichts ausmachte, die Toten – Selbstmörder, Verunglückte und Erschlagene – aus dem Schleusenwasser zu fischen. Er hätte alle an Land Gezogenen anschließend mit der notwendigen Demut zurechtgemacht. Geschminkt, gekämmt, ordentlich angezogen. Wie sich das eigentlich gehörte!

Falls die Kleider fehlten, wurde seinerzeit flink aus Säcken und Papier das Notwendige angefertigt und den Toten umgebunden. Ja, und schön geschminkt hätte er sie auch, der Jean-Julius! Auch die Zerstörten, die Zerfressenen, die Angefaulten! Und er durfte dafür auch als Gegenleistung deren Broschen, Halsketten, Ringe und Uhren behalten, die man bei jenen oft Namenlosen fand, weil die Gräber an Unverwesbarem wohl kaum ein Interesse hatten.

Der Schleuser Bernard führte sie weiter zu einem kleinen Friedhof, der fast nur unbeschriftete Basaltsäulen als Grabstelen aufwies. Auf einigen stand zwar ein Name oder der Tag. Aber wer wusste heute noch, dass es der Graf de Lacour war oder die Mamsell Freundlich, die dort ihre Ruhe mit Julius' Hilfe gefunden hatten. Gegen Abend zeigte Bernard den Dahergeflogenen auch noch den kleinen Garten, in dem Jean-Julius die Wegebefestigung mit selbst ausgetrunkenen Rotweinflaschen angelegt hatte. Mit den Hälsen nach unten in die Erde gedrückt. Und in Reih und Glied. Wie eine Perlenkette.

Auch heute bekäme man noch von jenem Rotwein aus der Region Entre Deux Mers mehr als ein Glas, wenn man denn den richtigen Budiker aufsuchte, zwinkerte ihnen Bernard zu. Und er wies schwankend auf die lange Allee in der Ferne, die endlose Märsche in den Süden verhieß.

7

Wein und zäher Nebel verhinderten am Morgen danach die frühe Weiterreise der merkwürdigen Mannschaft aus der Schleusenregion. Die Harlekinsmarionette hatte sich wider Erwarten einen besonders vergnügten Abend gemacht, weil sie in ein nahes Schifferasyl gestiefelt war, um den alten Sagen um Jean-Julius G. Friedrich, die man sich gemäß umlaufender Gerüchte am windschiefen Tresen erzählen sollte, mit eigenen Ohren zuzuhören. Und am Morgen war die verkleidete Marionette immer noch nicht zurück. Was war nur passiert?

Als die übrige Apfelbaummannschaft diesen Hanswurst im Bistro gemeinsam abholte und unterhakte, berichtete er dann überschwenglich, dass Julius in dieser Spelunke manches seiner Fundstücke verwettet hätte. Was musste dieser Mann für ein Leben geführt haben, mein Gott?

Es geschah ja allerlei zu jener Zeit, wie sie so nebenbei hörten, das auch heute noch zu Flüstern und Gemunkel Anlass gab. So sprachen die ehemals vertrauten, noch lebenden Zecher beispielsweise von einer chinesischen Geliebten des Julius!

»Papperlapapp«, schnauzte Rosso und hielt dem Harlekin den Mund zu.

Bernard, der ungekrönte Schleusengott, nickte jedoch, als sie davon erzählten. Julius hätte nicht nur hier an der Schleuse sein Glück versucht. Bald war er in den Weinhandel in großem Stil mit 15-Gallonen-Korbflaschen eingestiegen und hatte den Transport per Flusskahn organisiert. Und sich auch nicht gescheut, während der Ernte der Trauben selbst mal in die Holzzuber bei den Erzeugern in der Nachbarschaft der Region zu springen, um die Weinbeeren zu treten. Wenn er dann von der Weinpresserei zurückkam, amüsierten sich immer alle, falls Jean-Julius die Schuhe auszog und mit blutroten Beinen über die Schleuse trampelte. Und wenn dann noch am nächsten Morgen auch wieder eine Tote angespült wurde!

8

In der Nacht darauf nässte ein Regentief, das über das Loiretal und Flandern gezogen kam, den Apfelbaum und seinen hölzernen Hochstand. Trotz dieser Unbill trieb es vor Sonnenaufgang dann die gesamte Jean-Julius-Gerlach-Friedrich-Anhängerschar zurück in den feuchten Baum, der sich sofort zitternd erhob. Denn in dem Logbuch hatte der nasse Wind schon weitere Seiten aufgeschlagen. Und daher musste ein neues unbekanntes Kapitel aus dem Leben von J. J. G. F. gelesen werden.

Es wurde ja auch Zeit! Um sieben Uhr, als der offizielle Tag tatsächlich begann, hörten alle das Schlagwerk einer Taschenuhr. Sie brauchten gar nicht lange zu suchen, um diese Uhr unter der gelben Weste des Harlekins zu finden. Wie überrascht war aber Elzbieta, als der Springdeckel aufging und chinesische Schriftzeichen freigab. Hatte der Hanswurst etwa in der Spelunke im Stile Julius' gewettet und gewonnen?

Es dauerte nun nicht lange, bis Beppo, die Harlekinsmarionette, endlich zugab, doch noch bei der alten Chinesin gewesen zu sein. Sie hatte ihm ihre Lilienfüße gezeigt, die Julius ihr damals täglich gebunden hätte. Und sie hatte noch dies und das von Julius erzählt, was nicht unbedingt an diesem wilden Morgen weitergegeben werden sollte. Und wer wollte schon das Letzte über das Yin und Yang des alten Jean-Julius erfahren!

Rosso blätterte darum schnell während des Fluges wieder selber das Logbuch auf, das er sorgsam in eine aufgeschnittene Plastiktüte als Regenschutz gehüllt hatte, und er las allen die nächsten Seiten vor. Dem Wind traute er nicht mehr.

Die Handpuppen König und Polizist hielten sich dabei die Ohren zu, weil das Unrechtmäßige und gar Unziemliche ganz dick und sämig kam. Jean-Julius war zu jener Zeit wohl wirklich ein Lotterbub' gewesen. Und im leichten Regen begannen die Logbuch-Seiten und die Apfelblätter allerdings zu welken, so dass die Wörter vor Rossos Augen verschwammen.

Aber der Baum hatte sie wieder in seine Obhut genommen und brachte sie in hohe dünne Luft. Seine Blätter rauschten im südlichen, duftenden Wind und verhüllten so die alten Gerüchte und Fabeln. Leider war es in den Morgenwinden bereits so kalt geworden, dass Rosso und Elzbieta gezwungenermaßen enger zusammenrücken mussten. Auch die Puppenprinzessin und das Kasperle umarmten sich, um Kälte und Angst gemeinsam zu bekämpfen.

In den Regenschauern, die bald darauf unablässig heranrollten, blieb dem Apfelbaum nichts anderes übrig, als sich schnell in bedenklicher Schräglage auf dem Kirchweihplatz einer kleinen Gemeinde abzusetzen. Die Wirtschafterin des benachbarten Pfarrhauses kam auch schon aus dem Tor des Pfarrgartens gestürmt und reklamierte alle möglichen Rechte.

Jeder könne sich noch gut erinnern, lamentierte sie, wie seinerzeit die schräge Vagantentruppe aus dem Norden oder Osten Stadt und Leute verunsichert hätte. Mit solcherlei Volk hätte man genug Ärger gehabt und wollte nicht noch einmal einen augenscheinlich ähnlichen Laden zulassen. Beschwichtigend fielen ihr aber endlich der katholische Pfarrer und seine Konkurrenz, der evangelische Pastor, ins Wort. Denn zufällig standen die Beiden beisammen, um die bevorstehende Bürgermeisterwahl zu bekakeln.

9

Und auch sie, die Schriftgelehrten, hätten die alte Geschichte fast vergessen, wenn nicht die Logbuchleser aus ihrem stotternden, stockenden Bericht vorgelesen hätten, wie Jean-Julius damals auch hierhin verschlagen worden war. Und er hatte hier wahrhaftig schauspielernd als ungeliebter Schwiegersohn in spe eines – na, schweigen sollten wir dazu doch! – in einer, wirklich in einer Bänkel- und Schaubuden-Gruppe gedient.

Da damals die Kultur noch hoch in Blüte stand und jeder Bürger begierig war, das große Welttheater selbst zu erfahren, war die Bühne in der Wagenburg allen Städtern so recht willkommen. Mit dem Versprechen, auch die Passion des Herrn aufführen zu wollen und nicht gerade Schillers Räuber zu versuchen oder gar den Woyzeck, hatte der Pfarrer seinerzeit nach heftigen Bedenken den Kirchweihplatz dann doch wohlwollend der Truppe überlassen.

Julius soll sich Gerüchten zufolge den Fahrenden angeschlossen haben, weil er dem Verlangen so mancher Jungfer nach Sesshaftigkeit in der Provinz und in der Kaufmannsniederung kleinerer und größerer Städte hatte entgehen wollen. Natürlich gab es auch das Gerücht, dass er sich eigentlich den scharfen Krallen des Ordens des chinesischen Drachens entziehen wollte, der nach seinem Rotweinhandel griff.

Deshalb spielte Jean-Julius in der Truppe den Harlekin oder Domino mit der alle Leiden und Freuden versteckenden Maske. Und die Puppe gleichen Namens, die seit der regennassen Landung auf diesem Kirchplatz verstört, ja traurig herumhing, gestand endlich, dass hier nicht nur Possen und Schabernack getrieben worden wären. Die Vaganten hätten sogar den für eine Sprechbühne dramatisierten Bajazzo wortwörtlich und voller Gefühl aufgeführt und sich auch noch an einer Kurzfassung von Kabale und Liebe versucht.

Leider wäre die Truppe beim Bajazzo von der Realität eingeholt und überholt worden, weil die Eifersucht und Leidenschaften auch in eines Harlekins Busen immer heftig schlügen. Mensch bliebe eben Mensch! Das war es also, was Gottesfürchtige und Moralvertreter des Sprengels seinerzeit verwirrt hatte. Seinerzeit, als die bunt zusammengewürfelte Theaterschar hier locker und verwoben mit Schicksal und Intrige gastierte. Und Jean-Julius war dank seiner herbmännlichen Schönheit eben auch der Gespielin des Wandertheaterdirektors aufgefallen und nicht nur dessen Tochter Gina.

Aber während der Tournee, in jedem Dorf, in jeder Stadt gab es für diese beiden Damen immer wieder andere blaue Augen und starke Mus-

HARLEKINO

keln, die alle Erwartungen weckten und den Schausteller-Alltag versüßten. Täglich gab es deshalb sogar Schlägereien, besagten alte Schauergeschichten. Und der Apotheker – denkt doch bloß! – hätte sich sogar mit reinem Alkohol berauscht, als er bei Gina abblitzte.

In den Nächten nach den Vorstellungen war Julius wohl derjenige, der nach der langsam gewachsenen Zugehörigkeit zur Schauspielertruppe mal hier, mal dort schlafen durfte. Als Schwiegersohn in spe und? Und als Buhler! Getreu dem Libretto!

Lache Bajazzo! Ridi Pagliaccio!

10

Das Gastspiel der Truppe in der Region über einen heißen Sommer lang bis in den Winter endete, wie das Logbuch haarklein zu berichten wusste, dann unterm Dach im Dichter- und Kulturhaus. Dort hatte ein mitleidiger Stadtsenat die Wandertruppe wegen der rabiat kalten Nächte einquartiert. Weil bei einem Wasserschaden, durch frostgeborstene Leitungen an den Karawanenwagen, die mühselig gefertigten Kulissen und ein Teil der Kostüme verdorben worden waren! Und nicht nur die willkürlichen Liebeleien im Drama und im wahren Leben, sondern auch unberechenbare Naturgewalten hatten die theatralischen Masken zerstört.

Hatten die Mimen überhaupt genug Geld, um noch einmal dicke Schminke aufzulegen? War die Straßenkleidung statt der Kostüme noch den Träumen gewachsen? Und hielten die heiseren Stimmen noch das Pathos aus?

Was erzählte unterdessen das Logbuch noch?

Wut- und leidgezeichnete Gesichter gaben den improvisierten Aufführungen ohne Maske einen seltsamen, unmittelbaren Reiz, las man dann, weil die Leidenschaften jetzt für jeden sichtbar offen lagen. Im Rampenlicht.

Der alternde Spieldirektor quälte sich mit seinem Herzeleid ständig herum. Und an einem Abend schließlich, als der Winter seine gefrorenen Tränen als Schnee auf die Erde entließ, knöpfte er die goldene Taschenuhr aus der Weste, um sie dem Amateurmimen Jean-Julius als Ausgleich für entgangenen Lohn und jegliche Eifersucht auszuhändigen. Dann aber jagte er den Nebenbuhler Julius mit allen Teufeln von der Bühne und aus dem Haus.

Und noch heute schaudert es einen an der Stelle, wo ein schlichter Stein den Freitod dieses Direktors und Spielers und des Gehörnten im Bajazzo-Kostüm bezeugt.

11

Die Harlekinmarionette schluchzte tief auf und machte alle Marionettenfäden nass, an denen sie hing. Da sich die so verschiedenartigen Figuren der Baumfamilie darüber wunderten, erklärte ihnen Harlekin Hanswurst, der Mandarin, die unauffälligste Handpuppe in ihren Reihen, hätte doch eine ähnliche Vergangenheit. Nicht nur er als dummer Clown hätte so gelitten! Aber so eine Geschichte wäre halt nicht beliebig abrufbar. Alles wäre eben nur furchtbar traurig. Der Mandarin legte sogleich die Hand auf den Mund und verzog wie üblich keine Miene. Sein Gesichtchen blieb starr. Und deswegen wurde dieses Geheimnis nicht gelüftet, blieb für alle Zeiten bewahrt. Wie die allerletzten Geheimnissen von Jean-Jules wohl auch.

Und das Logbuch schwieg ebenso!

Bei den Erinnerungen der beiden Moralapostel der herrschenden Konfessionen wurde es auf dem Kirchweihplatz so ungemütlich, wie die Wirtschafterin angedeutet – oder besser gesagt – angedroht hatte. Hier war kein Ort mehr, um noch länger zu verweilen! Aber der Maulwurf und die Feldmaus im Wurzelballen des Apfelbaums gaben der lauschenden Schar im Wipfel zu verstehen, doch ruhig und gelassen zu bleiben, weil im Haus des Friedhofsgärtners hinter der Kirche noch ein einsames Licht brannte.

Menschen und Puppen pflückten derweil von den inzwischen reifen Äpfeln ihres fliegenden Baumes einige und steckten sie sich in die Taschen und unters Wams. Die Früchte waren gute Geschenke, auch wenn mit Äpfeln seit Urzeiten immer der Gedanke an die Sünde verbunden war. Weiß Gott, warum ein so guter Baum solch einen Makel tragen musste!

Die hierher, in die seltsam berührte Provinz verschlagene Mannschaft schlief in der folgenden Nacht nun nicht im Baum, sondern eng umschlungen in der Totenkapelle. Die roten Kerzen hatte der Friedhofsgärtner zusammengestellt, um ihnen etwas Wärme in den grauen Raum zu geben. Aber keine weitere Spur war im Ort von Jean-Julius geblieben außer den filzigen Gerüchten, außer dem üblen Gerede. Jedenfalls hatte ihm auch keiner die Bürgerwürde und das Bleiberecht angetragen. Gedenktafeln fehlten daher völlig.

Jean-Julius war es so ergangen wie der gesamten Welt in jenen Tagen.

Schon beim anbrechenden Morgen wurde der Kapitän der Puppen unruhig. Er steckte damit die Prinzessin an, und auch die Stofftiere waren schnell auf dem Weg zum Apfelbaum-Hochstand. Irgendetwas trieb sie an. Rosso aber las immer wieder im Logbuch, kopfschüttelnd und verwirrt. Und im leicht aufkommenden Wind begannen die Logbuch-Seiten und Apfelblätter wieder heftig zu flattern und zu vergilben, so dass jeder Spruch, jeder Ausruf vor Rossos Augen verschwamm.

Gleichzeitig hatten sich die Marionetten – der Kapitän, der Harlekin, der Jäger und noch andere – in ihren Schnüren verheddert, so als wären sie nun ihren Gefühlen und Geschichten endgültig völlig erlegen. Elzbieta musste all ihre Fingerfertigkeit aufwenden, um die Fäden der Schicksale zu entwirren.

Ob Rosso ähnliches auch im Logbuch erfuhr?

12

Sie waren miteinander so beschäftigt, so versunken, dass sie gar nicht merkten, wie sie der Apfelbaum umarmt, umschlungen hatte und in die klare Höhe des Äthers entführte. Italienische Düfte umgaben sie bald, als wären Espresso und Fernet Branca vom Tisch des Thespiskarrens der Bajazzo-Komödianten auf sie getropft. Und weiter! Es schien so, als wären Canio, Nedda, Tonio und Silvio, die Figuren dieses Dramas, mit ihren Flüchen und Schwüren leibhaftig anwesend. So sehr schüttelten sich der Apfelbaum und der Holzkäfig voller hochfliegender Heimatloser!

Jean-Julius hatte sie in seiner grenzenlosen Leidenschaft auch hierher mit seinem Logbuch entführt. Rosso kniff die Augen zusammen, um die steilen Felsen mit den ockerfarbigen Häusern besser erkennen zu können und einzuordnen. Dachpfannen als Mönch und Nonne. Eine enge Gasse neben der anderen. Bougainvilleas in den Torbögen. Zahllose Geranien vor

den Fenstern. Ein Domturm über einem Baptisterium. Und in der äußersten Ecke der steilen Stadtmauer ein Gräberfeld und auch dort ganz am Rande wieder etliche Selbstmördergräber. Die Gräber von Nedda und Silvio vielleicht? Gräber unter der Kalvariengruppe mit den weißen Tauben und einigen vertrockneten Lavendelsträußen und eben mit auch ungezählten Geranientöpfen.

Das konnte nur das umbrische Etrurien sein, schoss es Rosso durch den Kopf, während der Apfelbaum von leisen Düften angestoßen nur noch leicht zitternd dahinschwebte. Der Baum blieb jedoch plötzlich an der karstigen Bruchsteinmauer über der Nekropolis, der Totenstadt, hängen. Und seine Wurzeln sogen sofort die wenigen Wassertropfen auf, die vom Morgentau unter den Zypressen und Taxusbäumen übriggeblieben waren.

Elzbieta hatte schon wieder die Worte Canios im Ohr, als dieser die Bühne des Bajazzo verlassen musste: »Geht ruhig hin. Das Spiel ist aus.«

13

Doch das Spiel war keineswegs vorüber. Das Logbuch hatte noch viel zu erzählen.

Vom Lago di Bolsena strömten die Frühmorgen-Schwärme der Regenpfeifer gemeinsam mit den wenigen Nachtigallen über den Monte de Pieve zum Piano del Diavolo. Im unsicheren Morgenlicht stiegen unübersehbar aus den Gräbern der Tuscanier die ewig unruhigen Seelen auf, die hier aus den Städtchen wie Canino und Piansano und Tuscania versammelt worden waren. Sie glitten als dichter Pulk über die Kopfsteinpflaster des Ortes im Morgengrauen hinauf zu der Stelle, wo im efeuumrankten Grabmal lediglich ein einziger Schrei eingraviert war.

Kein Name. Kein Ort. Keine Zeit.

Ein Schrei nach Liebe, nach Heimat und nach ärmlicher Zuflucht für die Seelen!

Llorar a lágrima viva! Weine heftig!

Rosso und Elzbieta konnten jetzt die Seiten des Logbuchs kaum noch entziffern, weil sich der träge Nebel etruskischer Urzeiten auch um sie zusammengezogen hatte wie ein Vorhang aus Verschwörung und Rache. Wie waren diese Kapitel des Tagebuchs überhaupt zu verstehen? Und wie um alles in der Welt war das bisherige Geschehen um Julius und seine Begleiter zu erklären? Etwa wie die Träume eines ewig unruhigen, fragenden Geistes?

War Julius nach Umbrien gewandert, um – wie es anfangs schien – an den Geheimnissen toskanischer, etruskischer Schriften über die Zukunft oder die Vergangenheit herumzudeuteln? War es ein erinnernswerter Text im Logbuch, der nur ein Versuch sein sollte, das längst verlorene Leben der Ruinen von Cipollara wieder zu entdecken?

Oder war es vielmehr die pure Verzweiflung des Einsamen, der einer Geliebten, der Geliebten Gina, der Tochter des Schauspieldirektors, mit ihren schwarzen Zöpfen und Ohrgeflechten wie Schnecken, in denen die Margeriten steckten, folgen musste?

Unausweichlich?

Wie unter Zwang pflückte Elzbieta aus dem Freund Apfelbaum einen großen, roten, reifen Apfel und gab ihn Rosso. Und es war wohl doch so, dass sich gewisse Geschichten immer wiederholten.

Während sie dort im Apfelbaum mit den Puppen als leibgewordene Erinnerungen des Onkels Jean-Julius saßen und gleichsam eine Wiedergeburt nach der anderen erfuhren, kam erneut ein heftiger Wind auf. Rosso biss sofort kräftig in den Apfel, während ihm Elzbieta durch die krausen roten Locken fuhr. Doch er übersah dabei, wie schelmisch die Handpuppe Krokodil schmunzelte und das zarte Spitzenkleidchen der Marionettenprinzessin hochflog und dabei die ganze Schönheit der sägespangefüllten Puppe freilegte.

14

Julius – alias Jean-Julius Gerlach Friedrich aus Flandern – von chinesischer und fränkischer Liebschaft schlicht so genannt, hatte hier, so wurde den Nekropolen-Besuchern an einer ausführlichen Textstelle berichtet, die komödiantische Geliebte allen Warnungen zum Trotz gesucht und schließlich in einem Turm eingesperrt entdeckt.

Sie war dort von ihrem willkürlich Angetrauten Danilo, dem sie durch den Segen irgendeines Einsiedelmönchs an die Hand gegeben wurde, wegen unmäßiger Eifersucht eingekerkert worden. Sobald Julius dieses schlimme Geheimnis gelüftet hatte, bat er den Schmied Maurizio in Viterbo um die Anfertigung von Steigeisen. Und der schmiedete sie ihm in einer Nacht.

Ehe noch der Morgen graute, war Julius über einen Feigenbaum und eine Holzgalerie in den Turm eingedrungen. Ein Seil aus Pferdehaar und Hanf war dabei auch sehr hilfreich. Und dieses waghalsige Abenteuer geschah in der Nacht der *Virgina Immaculata*, der unbefleckten Jungfrau. Dennoch haben sie sich, Gina und Jean-Julius, in dieser Nacht geliebt und unverbrüchliche Treue geschworen. Doch wer rechnete schon mit den scharfen Hunden des Impresario Danilo!

Sie hatten den Frevler bald aufgespürt und angeschlagen. In rasender Wut stürmte Danilo in die Turmkammer und hatte sofort die Handfeuerwaffe auf Julius gerichtet, während sich Gina dazwischen warf. Einer der Schüsse traf die Tabatiere in Julius' Weste. Und die Fackel, die Danilo nach dem Türaufbrechen in die Kemenate geschleudert hatte, entzündete die Bettvorhänge und dann auch das Binsengeflecht der Stühle.

So flohen auch die alten, etruskischen Schatten, die den Liebenden frühzeitig zu Hilfe geeilt waren, im grellen Licht des Feuers. Julius hatte sich rückwärts fallend aus der Fensternische gedrängt und das Seil erfasst. Und obwohl ihm der Schuss in die Tabatiere fast die Luft genommen hatte, schleuderte er noch ein Steigeisen auf Danilo. Und das drang diesem wie eine Dornenranke in die Schulter.

Behände kletterte Jean-Julius wieder in den Wachturm zurück und verbarg sich danach in einem der vielen Gräber um Sant' Angelo oder Ferento. Auch hier blieb ihm das Glück wieder treu, wenn auch nicht das Glück der Liebe. Er fand vom Regen aus dem Schlamm frei gespült am Fuße eines der Grabmäler einen Tontopf zwischen den Urnen und anderen Scherben, gefüllt mit Goldstücken und mehreren zusammengebackenen Silber- und Kupferlingen.

Und die alten Leute erzählen sich noch, Maurizio, der Schmied, trüge deswegen noch heute als Lohn für seine Arbeit an den Steigeisen eines der Goldstücke auf der Brust.

15

Und was geschah mit Gina? Die Leute meinten später, eine der weißen Tauben, die den Turm seinerzeit verließen und seitdem in den Dämmerstunden auf Silvios Grab rasteten, wäre sie gewesen.

Elzbietas Armreifen hatte sich derweil in Rossos Haar verfangen, als sie sich sehr lange umarmten. Fast unlösbar waren sie jetzt verbunden. Und die Puppen und die Stofftiere hatten sich sogar verschämt abgewandt. Denn die Chimären und Geister der Gräber und Nekropoli drohten ihnen Konkurrenz zu machen. Oder hatten die Zeitlosen gar mit anderem, Schrecklicherem gedroht? Wie war denn Gina wirklich aus dieser Welt gegangen? Mit einem Fenstersturz in Orvieto?

»Haltet euch fest!«, sprach der Apfelbaum und riss die Schar der Zanni – wie die Freunde des Arlecchino dortzulande im toskanischen Hügelland auch genannt wurden – und ihre Begleiter wieder in seinen Bann.

Der Apfel war zwar zwischen Elzbieta und Rosso noch nicht ganz gegessen. Aber das Logbuch konnte auch auf diesen Seiten niemand eindeutig lesen und blieb außerdem weiterhin schwer entzifferbar. Offenbar hatte Julius hinter den vielen Ereignissen seine wirklichen Gedanken und Gefühle in seltsamen Sprüchen und Formulierungen und manchmal auch nur zwischen argem Gekritzel zu verbergen versucht.

Im leicht aufkommenden Wind begannen die Logbuch-Seiten und Apfelblätter wieder zu zittern, so dass der Text vor Elzbietas und Rossos Augen verschwamm.

16

Ein Hoch über den Azoren und Madeira ordnete das Wetter wie üblich über dem gesamten Kontinent. Es war ja auch nicht mehr Herbst. Der Winter war aber in der Toscana irgendwie verloren gegangen. Oder er hatte sich anderswohin verirrt.

Nein, es wurde augenscheinlich schon Frühling allerorten. Und im zarten Grün der Blattsprossen des Baums zeigten sich die ersten Apfelblütenknospen. Ihr Rosa verteilte sich auch auf die Wangen Elzbietas. Und ihre blonden Haare begannen zu glühen.

Je weiter der Baum trieb, umso wärmer wurde der Haarton Elzbietas, und die Luft strömte in den Farben des Regenbogens hindurch. Diese betörende Luft fuhr auch der Colombina-Puppe ebenso wie der Prinzessin-Marionette unter die Röcke. Und die Bärte des Pantalone und des Kapitäns wurden verwirbelt wie die Algenteppiche an der Küste von Livorno bei heftiger Brandung.

Mit der warmen Brise trieben sie allesamt tatsächlich über Brandung und Gischt. Die Nebelwand, in die der Baum taumelte, tauchte unvermittelt vor ihnen auf. Gewaltiges Erschrecken machte sich bei den Menschen und den Puppen breit. Und selbst Rosso hatte nicht damit gerechnet, weil seine Logbuchlektüre immer noch mehr und schönen Aventuren galt.

Jean-Julius war ja gesegnet mit Reichtümern aller Jahrhunderte und Provenienzen, die ihm so beiläufig zugefallen waren und es ihm erlaubten, alles Mögliche zu erleben, zu kaufen, zu veranstalten und es sich irgendwie ganz einfach zu machen. Ihm flog alles nur so zu. Spaß, Horror, Liebe, Unfug, Freude, Abenteuer und so weiter.

Der Nebel verschlang aber auch die Sterne, nach denen sich die Bäume seit Jahrmillionen, also auch der Apfelbaum, ausrichteten. Elzbieta und Rosso hatten längst sehr gut verstanden, dass sich der Onkel Julius auch nach den Sternen gerichtet hatte, um sein Schicksal zu beeinflussen.

Aber wohin stürzte jetzt die Baumarche? Warum hatte sie ihr Weg über den gesamten alten Kontinent gerade hierhin verschlagen?

Es waren doch nicht noch größere Schätze hier verborgen als die Truppe bisher schon kennen gelernt hatte? Und die es nun noch zu entdecken galt?

Denn, als Nebel und Brandungsgischt gewichen waren, lagen vor ihnen nur die Wald- und Heideflächen von Josselin und Brocéliande im Bretonischen. Das Zauberland von Merlin!

17

Die Glocken der Kirchtürme der Kalvarien von Locronan, Pleyben und Tronoén riefen zum Mittag. Am fliegenden Baum hatten sich die Blüten schon geschlossen, als er seine Wurzeln in den Erdboden senkte. Denn der Apfelbaum stand wie ein Fremder in der Schlucht der Morgane, dort wo kein Sonnenstrahl hinkam. Und es traute sich keiner der Weitgereisten vom wackligen Geäst in die schroffen Felsklüfte hinab zu springen, weder Rosso noch der vorlaute Harlekin. Die Dunkelheit war auch zu erschreckend. Und die letzten Glockenschläge wirkten wie Schläge auf einen Amboss, auf dem jemand in Ketten gelegt wurde.

Im Logbuch las Rosso im letzten Büchsenlicht von der nicht versiegenden Sucht des Vagabunden Jean-Julius nach Außergewöhnlichem. Und was las Rosso denn da noch? Jean-Julius hungerte es nicht nur nach der Erfüllung in den Armen von Schauspielerinnen und Bardamen. Es hatte ihn schon immer gedrängt, nicht allein Exotischem, auch keinem besonderen Zauber oder Verwünschungen erliegen zu müssen, sondern nur schlichten Träumen zu folgen, ihnen nachzufliegen und sie dann zu verwirklichen.

Während Rosso das Buch wieder schloss, aber zwei Finger wie zur Beschwörung zwischen den Seiten hielt, rückten die Puppen ängstlich dicht aneinander. Elzbieta spürte die Weben der letzten Netze der Kreuzspinnen vom Herbst an sich vorbeifliegen. Und endlich fasste Rosso allen Mut mit beiden Händen und kletterte in die steinerne Finsternis hinab.

Elzbieta hatte zuvor das Logbuch übernommen, und sie machte auch schon automatisch jenes magische Fingerkreuz zwischen den Seiten. Vorsichtig ging Rosso über den weichen, moosigen Waldboden und folgte dem glucksenden Geräusch einer Quelle. Bald stand er in einem Rinnsal, in dem sich das kümmerliche Licht aus der Schlucht verfing. Fünf, sechs Schritte weiter lief das Rinnsal in einen steingefassten Graben. Als er sich über ihn beugte, um vom Wasser zu kosten, sah er, wie sich sein Gesicht verwandelte und nach einigen Sekunden eigentümlicherweise dem des Onkels Jean-Julius G. F. aufs Haar glich.

Und nun glaubte Rosso auch den Weg des verwunschenen, fliegenden Apfelbaums in den Wald von Viviane und Merlin zu verstehen, weil sich Julius offenbar verwegen und gar übermütig der Runde der Tafelritter auf die Spur gemacht hatte. Es waren nicht nur die Reichtümer, die die Schluchten vielleicht verbargen, sondern auch die Verheißungen des Grals und die ewig gegenwärtige Liebe der hier – so flüsterte man – auf ewig Verzauberten, die seinen Vorvater vielleicht angezogen hatten. Als sich Rosso im Wasser geheimnisvollen Ursprungs vollends erkannte – und wiederum auch nicht, weil ihn die Vergangenheit der Familie des Onkels Jean-Julius hier einholte – tauchte hinter ihm das milde Antlitz Elzbietas mit ihren Puppen im Arm auf.

Rosso, der Ire, konnte wiederum die aufsteigende Röte auf ihren Wangen beobachten, die das Dunkel durchdrang. Und sein eigenes Gesicht wurde Julius dabei so ähnlich, dass er unwillkürlich mit dem Zweifel zu kämpfen begann, ob er bisher wirklich nur aus alberner Kurzweil das Logbuch, die Erlebnissammlung Julius', seines Onkels, verfolgt hatte. Oder waren es doch seine ureigenen Wünsche, Hoffnungen, Verirrungen?

Elzbieta und Rosso setzten sich ratlos an den Rand der Quelle und lauschten der Stille, die nicht lautlos war. Sie konnten Merlins Seufzer hören, mit denen er sich willig, aber unabänderlich in die Vertrautheit der Fee Viviane begab. Die Glocken von Bergnon und St. Lery mussten mit ihrem Wohlklang den Tönen der Quelle nichts mehr hinzufügen, um für jeden die Schönheit dieses Ortes fühlbar zu machen.

Das war es wohl auch, was Julius seinerzeit hierhin gebracht hatte. So wie es das Logbuch jetzt offenbarte.

18

Rosso spürte schon beim Lesen der Logbuch-Kritzeleien, dass die Gralsgeheimnisse an diesem merkwürdigen Platz schlechthin aufhörten und auch wiederum begannen. Es konnte durchaus sein, so seltsam es vielleicht auch klang, dass Julius an der Tafelrunde, einer sehr, sehr späten zwar, teilgenommen hatte und sich mit ihren Rittern Erek und Lancelot verwandt fühlte und die Segnungen des Grals sogar teilen durfte.

Merkwürdig genug war er ja, der Onkel!

Im leicht aufkommenden Wind begannen die Logbuch-Seiten und loses Laub zu flattern, so dass alles vor Rossos Augen erneut verschwamm. Als die Beiden dort am Brunnenrand saßen – mit der Quellspiegelung im Gesicht und den sich spiegelnden Gesichtern in der Quelle – fühlte sich die Quelleinfassung wie der Rand des Grals an. Die getauchten Hände nahmen Wärme auf, und die Stimmen von Viviane und Merlin hüllten wiederum die Stimmen der beiden jungen Menschen, die Worte Elzbietas und Rossos, ein.

Sie reichten sich unter Wasser die Hände. Und Rosso begann irgendwie Neues zu begreifen. Der Gral war also nicht ein bloßes Gefäß, das man an den Mund führen konnte, sondern der Mund mit dem Herzen musste zu ihm kommen. So etwas begannen die jungen Menschen zu ahnen. Und der Gral war, wie es Rosso und Elzbieta jetzt sogar verstehen konnten, auch der große Brunnen, der die Welt tränkte.

Als es wieder Morgen wurde und sich die Puppen den Schlaf aus den Augen rieben, sahen sie, dass alle Bäume in der Schlucht und der eigene Apfelbaum Kerben von Monogrammen und Schwurzeichen trugen:

JGF + *MLG*

Doch in diese Zeichen waren längst die Flechten vergangener Jahrhunderte gewachsen. Aber eine Erklärung boten sie noch nicht.

JGF und MLG? Julius Gerlach ...? Vielleicht! Und wer noch?

Rosso und Elzbieta wanderten daraufhin weiter durchs Tal. Sie liefen glockenähnlichen Klängen nach und standen unversehens an einer Schmiede. Und dort erfuhren sie auf ihre Fragen nach der Bedeutung der Kerbschnitte, dass ein Fremder, der vor Jahren nach Erzen und Schätzen gesucht hatte, eines Tages von einem Felsen gefangen genommen wurde. Eine Hand war zwischen den Erzbrocken eingeklemmt worden, weil der Berg nichts, aber auch gar nichts hergeben konnte. Die Bussarde hätten beim Kreisen über der Schlucht beobachtet, wie jener Mensch in seiner Not mit der anderen freien Hand bereits eine fürchterliche Teufelsbeschwörung versucht hätte, um für jeden Preis wieder frei zu kommen.

Und eine Teufelsbeschwörung mit gewölbten Schlangenknochen wurde es dann, die dort zufällig in seiner Reichweite lagen.

Aber trotz dieses schamanenartigen Rituals kam der Schürfer J. nicht frei. Auch der Einsiedler aus der Klosterruine am Ausgang der Schlucht konnte ihm nicht helfen. Doch wo körperliche Kraft fehlte, glaubte früher so mancher, würden eher Gebete helfen. Und wer sollte dafür besser geeignet sein als einer jener Eremiten in Gottesnähe. Eremit war der Gottesgefällige geworden, welche Gründe ihn auch immer veranlasst haben mochten, auf Fleischesfreuden und sonstige Ablenkungen zu verzichten! Dennoch befreite das gemeinsame Gebet dieses Mannes den Fremden aus Flandern oder so nicht.

Auch die langen Schatten der Tafelrunde blieben unbeweglich. Sie verharrten wie Felsen. Das raunten alte Einheimische den Baumbewohnern zu. Auch die Ritter halfen nicht. Der König ebenso wenig. Und die lauten Schreie des Gefangenen blieben bis in die tiefe Nacht ungehört, seine Schreie, hatte er später aufgeschrieben, der Julius. Er müsste wohl selber für vieles büßen, erkannte er bald. Und die tiefe Dunkelheit der Schlucht hielt jeden anderen ab, an Hilfe zu denken.

Selbst das größte Kämpferherz hätte die trägen Schleier brocéliandischer Gefilde nicht überwinden können, wenn es Viviane und Merlin nicht zuließen. Sie, die im Tal vor vielen Jahrhunderten Verzauberten, beanspruchten die Wilden und die Schönen, die Freien und wohl auch die Furchtlosen immer erst einmal für sich selbst. Sie sollten den beiden erst einmal dienen, bevor ... Vielleicht, um doch noch mit ihrer Hilfe den Gral selber freizulegen oder mindestens seine ganze Gestalt zu erfahren und zu begreifen?

Und der unerfahrene und zugleich unerschrockene Jean-Julius kam ihnen vermutlich gerade recht.

19

Dennoch gab es immer wieder in gewissen Jahrhunderten einen einzigen Tag – so wurde berichtet – wenn die Konjunktion von Venus, Mars und vom Neptun, jenem Verwalter der Gewässer, der Brunnen, der Quellen und Kavernen, unmittelbar auf den größten Frühlingsmeridian fiel. Dann ... ja, dann gelang es einem unerschrockenen Mädchen gleich welcher Herkunft doch, einen in Bedrängnis geratenen Tafelrunden-Eleven zu erlösen.

So geschah es einer gewissen Magdalena La Goffic – MLG – aus Roazhon, die an jenem Morgen den erschöpften Erzgräber mit dem vom Fels nur noch freigegebenen linken Arm schließlich entdeckte. Sie war, wie sie eigenhändig mit schräg stehender, nach links gewendeter Schrift in das Logbuch eingetragen hatte, einem unüberwindlichen Zwang erlegen. Kopfschmerz und ein quälender Durst hätten sie zur Quelle getrieben, las man im Tagebuch. Nur wegen eines einzigen Schlucks!

Und über die unregelmäßigen, natürlichen Stufen des Felslabryrinths sprang sie mit leichtem Schritt hinab. Gleich erkannte sie auch den Gefangenen und hielt seinen linken Arm, dem man nachsagt, vom Herzen zu kommen, so in die Morgensonne, dass sich plötzlich ein einzelner Sonnenstrahl in ihrem das Handgelenk umspannenden Eisenreif verfing.

Und Keltin war jene Magdalena auch. Der Reif mit den Symbolen von Brocéliande verziert – keltisch und klar umrissen wie alle Geheimnisse dieser Welt – begann sofort zu leuchten. Kaum berührte sie das flach schlagende Herz in Julius' eingeengter Brust mit der Hand und sprach ihn auch als Ritter an, da löste sich sein Krampf.

Der bereifte Arm Magdalenas hob seinen Kopf und entband danach auch seinen Körper aus der Umklammerung der Erde. Und dort, wo sie ihre Hand auflegte, gruben sich die Symbole von Brocéliande als Tätowierungen in seine Haut ein. Magdalena führte den erschöpften Jean-Julius danach zurück zur Schmiede, um den gleichen Reif aus Eisen auch um seinen Arm zu legen.

20

Während die Seiten des Logbuchs jetzt wieder im Morgenwind zu wedeln begannen, schluchzte die Prinzessin-Marionette heftig auf und stöhnte, als würden sie die Schläge auf dem Amboss selbst treffen. Elzbieta nahm sie in den Arm und lauschte dem Rest der keltischen Erzählungen.

Demnach sollte anderen Gerüchten zufolge auf alten Karten neben dem Gralspokal oder vielleicht zwischen seinen Bruchstücken die Erde immense Schätze aus Edelsteinen und Erzen angelegt haben, die sich Jahr für Jahr vermehrten. Zugänglich waren sie nur den Zauberern, den Feen, den unsichtbaren Rittern des Grals und den Grobschmieden vielleicht, aber nicht dem normalen Sterblichen – ob nun Fahrensgesell' oder Handelsmann – wie es Onkel Jean-Julius wohl doch nur war.

Julius zeichnete in seinem Bericht noch auf, dass ihn jene Magdalena La Goffic – was soviel wie Schmiedin heißen sollte – nicht nur fesselte, sondern sich auch bemühte, mit ihm die Gestalt, die Form des Grals zu erfassen. Sie trieb ihn an, den Geheimnissen der Tafelrunde auf der Spur zu bleiben. Und dass ihnen dabei in den vermeintlichen Verstecken des Grals auch normale irdische Reichtümer reichlich zuteil wurden, war nun nicht mehr verwunderlich. Aber mit den Stunden der Entspannung, nach der erschöpfenden Suche an diesem Brunnen, war auch Julius überzeugt worden, der Gral wäre ein größeres, irdenes Gefäß, als gemeinhin erzählt würde ...

Jungbrunnen war er allzumal. Und Ozean vielleicht auch!

Beide, Julius und Magdalena la Goffic, hatten sich viele Male an diesem Brunnenrand mit den gefassten, den gesammelten Wässern der Viviane gelabt. Die zarten Bruchstücke der Gralsglasur, die dabei auf dem Grund des Brunnens zufällig entdeckt wurden, hatten sie herausgehoben. Aber sie hatten sich dabei auch verletzt, weil die Bruchkanten des Glases noch so scharf wie vor einem Jahrtausend geblieben waren.

Und an den Stellen, wo sich das Blut beider mischte und tropfenweise wieder zur Erde zurückkehrte, sind noch heute die schönen hellen Flechten Xanthoria zu sehen. Überall um den Brunnen in Brocéliande.

Sie verbrannten sich auch die Handflächen, als das grelle, vom Keltenreif reflektierte Sonnenlicht durch die blassblauen Scherben fiel. Deshalb haben sie, so berichtete das Logbuch gut lesbar, alles, was an Resten des Grals zusammengetragen wurde, der Erde erschrocken zurückgegeben, damit Erkenntnis auch ihren Nachkommen zukäme. An geheimer Stelle in der Nähe des Zauberbrunnens von Brocéliande.

Wenn denn einmal dort die nächste Generation oder die übernächste oder noch spätere vom Wind dorthin getrieben würden wie welkes Laub. Ja, wenn!

21

Elzbieta und Rosso hatten dieses Scherbenmosaik aber, das wie ein Kirchenfenster in der Mittagssonne strahlte, auch in sich aufgenommen, als sie von der Schmiede wieder an den Brunnen zurückkehrten. Sobald sie dann unwillkürlich unter diesem überwältigenden Eindruck – wie zur Abwehr – eine Scherbe herausfischten und mit ihr den Druidenstern in den Brunnenrand ritzten, verdunkelten sich Himmel und Wald. Aber das sei ihnen verziehen!

Jedoch lösten sie damit auch abrupt die Wurzeln des Apfelbaums, der sie jetzt fast barsch umfing und in die helle gralsblaue Höhe des Himmels zog. Die geheimnisvoll beschriebenen Blätter des Logbuchs bewegten sich wie die Flügel einer Taube und trugen die der Vergangenheit und der eigenen Zukunft nachjagende Truppe ins andere bretonische Reich, nach Devon und Cornwall am nördlichen Ufer der La Manche, des Ärmelkanals.

Wütendes Gebell weckte die Puppen zuerst. Rosso und Elzbieta schlummerten noch Rücken an Rücken im Baumhaus. Selbst das Kasperle fürchtete sich sehr. Und am Baum hingen keine Blüten mehr, aber schon die kleinen Früchte in vielfältiger Gestalt. In den Blättern und Blattsprieten und Stielen saß also der Spätsommer.

Elzbieta hatte die Schwere ihres üppig werdenden Körpers an den gebeugten Rücken Rossos gelehnt. Eine solch lange Reise durch die zuweilen ungemütliche Vergangenheit einer Familie hatte sie eigentlich doch ermüdet.

Und der junge Mann hinter ihr las immer wieder aus dem Logbuch die Stelle, die da lautete: »Meine Suche geht nicht zu Ende!«

Der Baum bewegte sich unter seiner Last und scheute sich nicht vor den blanken Zähnen eines Wolfhound, der aber nur seine Begrüßungsfreude auf diese Weise zeigen wollte. Die Krokodil-Handpuppe hatte sich ebenso schnell gefangen und sprang als erstes auf die Klippe am Fluss. Die beiden ungleichen Tiere begrüßten sich mit Nasenkuss und machten den Zögernden deutlich, auch herabzusteigen oder gar herunter zu springen.

Rosso umklammerte Elzbieta jedoch ganz vorsichtig und setzte sie mit den nackten Füßen ins quirlige Flusswasser. Kaum hatten alle den britischen Grund betreten, umgab sie ein gelber Blätterregen, der durch flirrende Sonnenstrahlen trudelte. Nicht nur Blätter kündeten den Herbst an. Es waren auch die Spinnwebfäden-Schirme der Araneideä, dieser kleinen wandernden Spinnen, und die unruhigen Wespenschwärme, die vom Bodmin Moor herüberwehten. Die Seeluft war schwanger mit dem Qualm brennender Ginsterbüsche und der schwermütigen Heide, die sich um diese Zeit schon mal an Blitzschlägen entzündete.

Oben am kargen Rand des Bodmin Forest flirrte auch das Erlen- und Birkenlaub in der Mittagsonne. Als Rosso nach seiner staunenden Verzauberung noch einmal das Logbuch aufschlug und die als Lesezeichen eingelegte Hahnenfeder des letzten gallischen Hahnes von der La-Goffic-Schmiede in der Bretagne herausnahm, war ein hohes Sirren zu hören. Nur von Fledermäusen kannte er das, wenn sie in der Nacht den Totenkopffaltern nachjagten.

Der Text des Logbuchs, so bemerkte Rosso, war wieder so undeutlich geschrieben, dass er sich nur in grellstem Sonnenlicht noch entziffern ließ. Diese Sonne aber schrieb indessen mit Rossos Schatten eine lange Zeile wie einen Finger in die Moorlandschaft. Die Puppen, Elzbieta und der Wolfhound hatten inzwischen eine kleine Reihe von Pilgern gebildet, die in diesem Schatten dem Sonnenlicht Schritt für Schritt mit einem *Diskant monotonen Singsang* folgten.

Sobald Rosso vom Logbuch Julius' aufblickte, sah er, wie der Wolfhound jenem alten Wachhund am Sterbebett Julius' ähnlich wurde. Und hinter ihm stiefelte am eifrigsten das Kasperle dahin.

War das Kasperle etwa wie seinerzeit der Harlekin, der Kapitän oder Colombina die Inkarnation der Zeit, in der sie sich alle nunmehr offenbar bewegten? Waren sie Teile einer Wiedergeburt? Aufgehängt an den Fäden des Schicksals? Von Schnüren wie die Marionetten hängend? Geführt von ferner Hand? Genasführt von Schabernack, Narretei, von irrealer Wirklichkeit?

22

Jean-Julius, bei der vergeblichen Suche nach was, nach wem auch immer, wusste er so genau, was ihn trieb? Dieser Mensch war laut seines Logbuchs hierher verschlagen worden und war nunmehr wohl gänzlich keltischem Zauber erlegen. Sein Weg zu den Zauberplätzen auf den Hügeln Albions war von üppiggelben Blüten des Hahnenfußes vorgezeichnet. So beschrieb er das Wunder. Und möglicherweise sah er gar voraus, dass ihm jetzt in diesen heutigen Tagen die Pilgerschar seiner Marionetten und seiner Erben hierher folgen würde. Getreu dem Bericht im Logbuch auf den Devongranit-Hügeln bis zu den in strahlendes Licht getauchten Riesensteinen, den Trevethy Stones, dem megalithischen Steinkreis grauer Vorzeit.

Rosso übermannte das unbekannte und an sich auch unerwünschte Sohngefühl erneut, und er beeilte sich, die bedächtig, aber offenbar zwangvoll wandernde Mannschaft einzuholen. Warnen wollte er sie, weil Julius gerade auf den letzten Seiten von kommenden Tagen steigender Übermacht von Sonne und Mond berichtet hatte. Beide Gestirne würden seine vielfältigen, weltläufigen Gespielinnen mit jenem Schabernack in die Irre treiben. Und es lag ja hier in Britannien ein solch meridianischer Tag von Sonne und Mond durchaus nur noch einen oder zwei Tage oder wenige Nächte voraus.

Die letzte Gralsscherbe in Rossos Hand, die er vom Brunnen mit den Insignien des halben Mondes und der halben Sonne mitgenommen hatte, fing die in seinem Rücken auftreffenden Strahlen auf und warf sie wie ein Halo aus blauen Gamander- und Vergißmeinnicht-Blüten auf die Hügel der Trevethy Stones.

Und da geschah erneut Sonderbares.

Bauern auf den Feldern von Liskeard sahen zu diesem Zeitpunkt hingegen nur Lichtwirbel um die Dolmen, die übermannsgroßen Steine. Aber sie blickten dennoch von der Arbeit auf. Sie hatten sich allerdings daran gewöhnt, dass es zu gewissen, nicht bestimmten Zeiten dort oben unheimlich zuging. Und die Steinsetzung reflektierte tatsächlich Licht und Wind bis ins Moor und von den Bächen wieder zurück.

Diese kleinen Bäche, die die reichen Wässer des Sound auffüllten.

Auch die Bauern hatten längst gehört, dass einst ein spät berufener Knappe der Artus-Runde die Wanderung in die Nacht gewagt hatte und es wieder wagen würde, um die unsterbliche Erfahrung der Wiederkehr eines neuen Ritters zu machen. Sie wussten selbstverständlich nicht, wie das Logbuch Julius' mit seinem Bericht aus jenen Tagen die jungen Nachfolger hierher gebracht hatte. Das bezaubernde Buch!

Die Verwandtschaft stand nun in der Brandung der Skaldengesänge vergangener Zeitalter.

23

Kreuzblume, Fliederspeer und Natterkopf, die geheimnisumwitterten Blumen um die aufgerichteten Dolmensteine, waren die Inkarnation anderer Nachfahren, die aus dem Blut der vergessenen Heerscharen auferstanden waren und nun die schützenden Steinsäulen von Trevethy säumten. Elzbieta kniete dort vorsichtig neben ihren Puppen nieder, die in einer Reihe zusammen saßen. Rosso schlug erneut das Logbuch wie ein Brevier und als Wegweiser auf. Er konnte die nachfolgenden Seiten nicht mehr sogleich voneinander trennen und musste mehrmals mit dem feuchten Finger die Papierschichten lösen.

Und das Elixier, das diese Tagebuchseiten irgendwann getränkt hatte und zusammenbacken ließ, drang in seine Zunge und in den Gaumen ein und verteilte sich über Augen und Hirn.

Bevor Rosso jedoch, der Julius-Verwandte irischer oder gar cornischer und bretonischer Herkunft, halb vergiftet nach hinten sank und mit dem Kopf exakt ins Zentrum des Steinkreises fiel, sah er, wie sich Stechapfel und Tollkirsche vor ihm verneigten, und wie das Kasperl zur Kolossgröße eines roten Ritters der Vorzeit vor ihm aufwuchs.

Der Schlagpritsche des Kasperl wandelte sich zum Schwert, und die lange Nase und die Theatermaske stülpten und krümmten sich zu Helm und Visier. Vor den Säulensteinen züngelten violette Fahnen und schwarze Streifenbänder. Der Wind zerrte sie auseinander und band sie zu einem Druidenstern, der den weiten Steinkreis umfing. Und um die Zeit der Kopulation der Sonne im Perihel mit dem ultrablauen Himmel Albions wurde Rosso vom roten Ritter Julius-Kasperl-Pulcinella wieder aufgerichtet. Er drückte Rosso die Gralsscherbe mit der Schwertspitze auf die Stirn, wo im sinkenden Tageslicht die Insignien von Mond und Sonnengestirn eingebrannt wurden.

Im langsam dahingleitenden Abend hatten sich die Puppen und Marionetten um Elzbieta geschart, die kniend und gespreizt schwanger mit ihrem hohen Leib im Circle Center saß. Die violetten Tuchfetzen flogen auch um ihren Kopf. Und Arme und Beine umschlangen die schwarzen Bänder der Druiden wie Schlangen.

24

Und während der leichte Wind durch die Logbuch-Seiten glitt, sah Rosso, wie die tagesmüden Waldhornissen in ihre Hausnester in Wacholder- und Buchsbaum-Hecken zurückkehrten, um ihrer Königin Guten Abend zu sagen. Sie wollten auch den Fledermäusen aus dem Weg fliegen, weil die sich um diese Zeit auf den Weg machten, um der neuen cornisch-keltischen Königin Elzbieta im Trevethy-Steinkreis zu huldigen.

Auch die Gallwespen folgten ihrem vorgeschriebenen Zyklus zu den Eichen im Schatten der Hügel, wo bereits die neuen Gallen für die nächsten Generationen wuchsen. So wie es seit altersher festgelegt worden war, in einem ewigen Kreis.

Mit dem Schrei Elzbietas, als sie ihr Kind nun gebar, erwachte Rosso, umgeben von den tiefroten Blütenkelchen des Fingerhuts Digitalis purpurea, so als läge er noch in den Ritterarmen des Jean-Julius, den sie in Spanien bestimmt auch Capitano Don Quichotte genannt hätten. Sofort kam Rosso auch seiner Pflicht bei der Entbindung nach, während sich der Wolfhound nach Liskeard aufmachte, um Hilfe zu holen.

Und sie nannten den Knaben Jean-Rosso.

25

Die Nacht war inzwischen mit langen Schatten in den Steinkreis eingedrungen und hatte schließlich alle Menschen und Figuren und Schatten mit Ruhe zugedeckt. Die letzten Sonnentropfen fielen noch auf den kleinen, krummen Apfelbaum im Bachgrund, wo sich die jungen Äpfel der neuen Ernte zur Verführung aller, die solchen seltsamen Geschichten zuweilen nachjagen, ihre Wangen mit frischen Säften füllten.

Und die Schatten des Steinkreises fielen bald auch auf das Logbuch, dessen Seiten jetzt vom Flügelschlag der Fledermäuse umgeblättert wurden. Der Mond nahm seinen silbernen Griffel und nummerierte die neuen Seiten des Buches, die eigentlich die Anfangsseiten einer anderen Geschichte sein sollten. Und Elzbieta und Rosso stieg der seltsame Duft des Buches erneut in die Nasen. Er war dem Duft von ungemähtem Grasland so verwandt, dass sie das Ruchgras und die Binse und die Lichtnelke sich im Winde wiegend zu sehen glaubten.

Im fahlen Mondlicht trug Rosso die Stunde und den Namen des Tages und des Kindes ins Logbuch ein, ohne noch weitere Textstellen, die letzten Eintragungen von Jean-Julius lesen zu wollen. Denn er wusste auch so bereits, seine Suche wäre noch nicht zu Ende.

Er wusste oder ahnte jedoch noch nicht einmal, dass die Hornissen mit ihrer alten Königin längst entschieden hatten, für das neue Volk des nächsten Jahres die angegilbten Blätter des Logbuchs anzuknabbern, um damit ein neues, papiernes Hausnest zu bauen. Für die neue Königin. Oben im verkrüppelten Wacholder in der Steinkreismitte.

26

Und wer die seltsame Geschichte vom fliegenden Apfelbaum mit den Blättern des Logbuchs von Jean-Julius nicht glauben mag, weil sie vielleicht gegen eine gewisse, landläufige Vernunft verstößt und so gar nichts mit üblichen Märchen gemein hat, gehe doch als erstes ins kleine Dorf hinunter. Ans Grab von Jean-Julius Gerlach Friedrich.

Und er laufe danach zurück in seinen Garten und steige in die immer noch sichtbare Wurzelgrube des ausgerissenen Apfelbaumes hinab, dem es gelang, die Träume von Rosso und Elzbieta über die Erinnerungen der Vorfahren hinweg fliegen zu lassen.

Und falls Zweiflern diese Beweise immer noch nicht genügen sollten, dann fragen sie doch die schwarzen Schleusentore in der Tiefe Flanderns und die Tauben am Grab Silvios in Etrurien. Und im Übrigen vertraue man sich ruhig den Schwingen flüchtiger Erinnerungen an, die jedem vielleicht Flügel verleihen, um über dem Brunnen in Brocéliande im Bretonischen oder über der sagenumwobenen Steinsetzung von Trevethy zu kreisen.

Den besten Beweis findet der Suchende bestimmt, wenn er hier und dort mal nach dem Apfelbaum, dem geflügelten, fragt, in dem die Marionetten der Erinnerung an ihren dünnen Schnüren hängen geblieben sind.

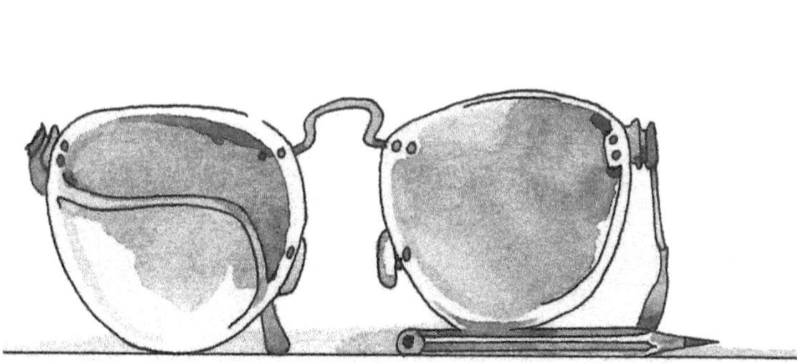

Das Qwertzui Opü

1

Hartmann blickte über den Brillenrand auf Meier, Asam und Bauermeister. Und dann streifte er mit dem gleichen, von Enttäuschung getragenen Blick auch den blonden Schöffler. Alle wussten bei dieser allwöchentlichen Zeremonie nach den Klassenarbeiten, was nun jedem einzelnen blühte. Asam konnte sich, obwohl er wirklich keine direkte Verwandtschaft zu jenen genialen Architekten des süddeutschen Barocks nachweisen konnte und dennoch auf ein wenig Kredit für die Namensverbundenheit zu bauen versuchte, eigentlich beruhigt zurücklehnen. Keine Gefahr! Keine Strebernote! Aber auch kein Schrott!

Aber sobald in der alphabetischen Vorlesung der Zensuren Be wie Bauermeister drankam, wussten auch alle auf den Ziegel, auf den Pfennig genau, wie es um jeden einzelnen stand.

Und meist kam dann der verzweifelte Ausruf von Hartmann, dem Lehrer: »Bauermeister, völlig fünf!«

Schöffler zuckte zusammen, obwohl es schon immer und ewig so war und obwohl es deswegen auch Gewohnheit geworden sein musste. Wann hatte denn Bauermeister je mehr als eine Vier? Das Spektrum der Noten schwankte zwar zwischen einer gemäßigten Vier, einer glänzenden Fünf und der verdienstvollen, völligen Fünf, die eventuell noch durch einen prägnanten Satz zum Verfehlen des Themas ergänzt wurde. Aber sonst?

Die völlige Fünf!

Sie war eine Art Adelstitel.

Aber noch einmal zurück. Zum Thema!

Ja, das war's, was über Gedeih oder Verderb eines Schülers entschied. Manchmal hieß es bei den zu beschreibenden Aufgaben: Die tragikomischen Momente im *›Zerbrochenen Krug‹* oder *Konnte Faust wirklich lieben?* Manchmal ging es allerdings noch abstrakter zu. Beispielsweise bei Fragen zur Ästhetik Brechtscher Gedichte, oder wenn Zweifel an der Analyse der Reime in Shakespeares Sonetten aufkamen. In Herrn Schlegels Übersetzung natürlich!

Wer konnte da schon bestehen? Asam? Ja! Aber Meier, Bauermeister und Schöffler? Wohl eher nicht. Wenn also das geflügelte Wort *Bauermeister – völlig fünf* fiel, erkannte auch Schöffler die Kategorie seiner Leistung. Eine glatte Fünf! Peng!

Wenn die Hefte und Kladden dann mit Zielwurf auf die Tische segelten, stand ein roter oder grüner Epilog des Herrn aller Urteile unter dem eigenen Traktat. Und es war eine wahre Lust, diese Aphorismen lehrhafter, reimloser – um nicht ungereimt zu sagen – Lehrerlyrik anschließend in der stürmischen Pause untereinander zu vergleichen. Schöffler kannte die Sprüche seit langem und konnte dennoch nichts dagegen unternehmen. Sie begannen mit einem Wort wie: »Impromptu mit 5 Ausrufezeichen« und endeten mit einem Lamento, das Aufgabe und Erfüllung einschließlich der Schöfflerschen Grammatik und ihrer unzulänglichen Unergründlichkeit ausführlich erläuterte.

Die Deutscharbeiten blieben trotz elterlicher Einflussnahme auf Taschengeld und Freizeit immer unvollendet. Es half ihm, dem Gescholtenen und Bestraften, absolut nichts, lange vorher, lange bevor die nächste Klassenarbeit angesagt war, in Stichworten die Meinung des Lehrers zu Johann Wolfgang oder Friedrich oder Gotthold Ephraim wie ein Brevier aufzuschreiben. Es kam immer anders.

Da lautete das Thema dann plötzlich: Beschreibe deinen Standpunkt zu Prinz von H. und so weiter.

2

Der so gequälte Geist rächte sich auch sofort. Schon beim Schreiben begannen I-Punkte zu verschwinden. Buchstaben fielen einfach aus dem Heft, bis schließlich ganze Worte nicht mehr den Weg aufs Papier fanden.

Das sah dann am Ende ungefähr so aus: »Wenigstens beim Denken lesen wir uns dann gefragt, welche Bedeut dem Wört zukomm.«

Das fragte sich Lehrer Hartmann danach wohl auch.

Er schrieb dann beispielsweise mit hoffnungsvoller grüner Tinte unter Schöfflers Opus: »Verwirrter Sinn, unzulängliche Vorbereitung und aus den Augen gelassenes Ziel lassen den Leser schon im ersten Satz verhungern.«

So gestraft und vorgeführt nahm Schöffler den weitest möglichen Weg nach Hause, wo er ja noch die elterliche Unterschrift zur Beglaubigung seiner erneuten Fehlleistung brauchte. Aber Gott sei Dank! Nur noch einen Monat lang. Bis zum Geburtstag. Er kämpfte mit sich den lieben, langen Weg, die bewusste Seite herauszureißen oder sogar das ganze Heft in den nächsten Papierkorb zu werfen. Wenigstens wollte er noch mit dem dreckigen rechten Schuh kraftvoll auf die grüne Tinte treten, damit man – also auch der Müllmensch – nichts mehr erkennen könnte.

Nun, als er zu Hause ankam, war niemand anwesend. So vermochte er das Heft wie völlig belanglos auf den Küchentisch zu werfen. Und da blieb es auch liegen. Unsagbar überrascht und traurig zugleich war der Blonde, der an sich so hoffnungsvoll aussehende Junge, dass der Vater später gar nichts sagte.

Er hatte jedoch unterschrieben. Wortlos.

Und seit diesem Tage ereignete sich das bekannte Zeremoniell der Beurteilung in der Schule mit den Zensuren noch ein, zwei Wochen lang unverändert. Mit wechselnden Kommentaren in grüner oder roter Schrift. Wie ein Menetekel.

Und dann kam aber der Tag mit dem seltsamen Aufsatzthema: Schreiben ist Leben.

3

Während sich alle Klassenkameraden emsig über die papiernen Blätter beugten, lehnte sich Schöffler in der Bank zurück, nahm den Patronenfederhalter quer in den Mund und schloss die Augen. Dann schrieb er auf die eine Seite das folgende Kernstück, weil er ein paar Tage zuvor irgendwie wissensdurstig durch Vaters Bücherschrank geturnt war und dieses Epigramm wie eine Erlösungsformel oder eher wie eine zappelnde Marionette in ihm hängen blieb:

Schreiben ist Leben.

So ist es! Aber Lichtenberg sagt auch: Acht Bände
hätte er geschrieben. Er hätte gewiss besser getan,
hätte er acht Bäume gepflanzt oder acht Kinder gezeugt.

Danach kontrollierte Schöffler sorgfältig jeden der 142 Buchstaben und jedes Satzzeichen, schloss das Heft und wartete geduldig, bis alle Hefte eingesammelt wurden. Und am zweiten oder dritten Tag danach kam die Rückgabe der Hefte. Bei der allbekannten Zeremonie der zynischen Urteilsverkündung, die mit Asam und Bauermeister begann, ereignete sich aber dann etwas, an das die Klasse und Schöffler noch lange zurückdenken mussten. Denn Hartmann nahm, als er den Namen Schöffler verlas, das bewusste Schreibheft ausdrücklich auf und hielt damit außerordentlich lange inne.

Er sagte dann laut und vernehmlich: »Drei! Eine runde Drei!«

Und begründete das mit den Worten, die länger ausfielen, als der Aufsatz selbst war: »Es geschieht manchmal so nebenbei ein Wunder. Jetzt hat es sich an Schöffler ereignet, denn Wissen und Erkenntnis haben sich zusammengetan, um ihm einmal, wenigstens einmal zu helfen. Ich habe mich deshalb für den Mittelweg der Drei entschieden. Dennoch bin ich auch nicht sicher, ob ich nicht einer Scharlatanerie aufgesessen bin.«

Diese Rede stiftete mit ihrem Widerhaken, der im Kopf hängen blieb, Lob und Tadel zugleich. Schöffler hörte deutlich die Peitsche über sich. Und am Nachmittag nach diesem denkwürdigen Schultag wählte er einen noch weiteren Weg nach Hause. Nicht nur durch Parks und die Laubenkolonien am Sprenger, auch durch das nahe Venn, den Bend, über den Markt und in mehreren Kaufhäusern die Rolltreppen auf und ab.

»Schöffler Sebastian«, sagte er sich, »du hast gepokert und gewonnen. Aber das nächste Spiel fordert doppelten Einsatz!«

Zu Hause brannte eine kleine Tischlampe. Die Mutter las Zeitung und buchstabierte an einem Kreuzworträtsel herum. Der Vater war wohl noch nicht da. Das Heft mit dem Prädikat legte er an die gleiche Stelle wie immer in den letzten Wochen. Auf den Küchentisch. Dort lag es wie eine Mahlzeit zum allgemeinen Genuss.

Als die Dämmerung die Straße heraufgeschlichen kam, saß Sebastian immer noch am Schreibtisch des Vaters. Er hatte fast jedes Utensil aus den Schubladen und vom Schreibplatz schon in der Hand gehabt, um seinen Gedanken Greifbares anzubieten. Weder der Petschaft noch das französische Dictionnaire, aber auch nicht die Lupe und das vielleicht seit fünfzehn Jahren ausgetrocknete Tintenfass klärten seinen nahezu hoffnungslosen Zustand.

Noch drei Monate bis zum Abitur! Danach, falls er überhaupt durchkam, durch dieses Fegefeuer, wollte er der Familie bloß keine Schande machen! Was Anständiges lernen, wie der Vater immer sagte. Oder gar studieren! Aber wie konnte er das alles erfüllen, wenn sich die Erwartungen der anderen immer mehr steigerten?

Wie wohltuend waren da doch bisher die Fünfen gewesen. Ein ruhiger Platz. Sicher wie eine Festung. So gaben sich auch Vaters Arbeitsmittel zu erkennen. Die Lupe und das alte Tintenfass. Schöffler öffnete schließlich noch gedankenverloren die Abdeckung der Schreibmaschine und starrte auf das Eszett, da ... Mann!

Mann!

Da sagte eine selbstbewusste, ein wenig mechanische Stimme: »Hallo, Sebastian. Ich bin das Qwertzui Opü. Dank dir, dass du den alten Kasten mal aufgedeckt hast. Ich kann jetzt endlich durchatmen, nachdem du mir diese Chance zukommen lässt. Und ich selbst kann dir auch eine Chance bieten, weil ... warte bitte!«

Mutter kam mit einer Tasse Kakao herein und fragte, wie's denn mit den Schularbeiten liefe. Sebastian brummelte herum, und sie fragte nicht weiter.

Dann begann die Stimme wieder: »Jeder kennt mich eigentlich und will doch nichts von mir wissen. Ich bin vom Stamm der Opü und werde dir helfen, mehr als nur Stichworte zu schreiben. Schau' auf die Tasten, und du wirst meinen Namen sogar geschrieben sehen. Also fangen wir mal gleich an!«

Das Qwertzui Opü schnaufte laut, und am Luftzug, der über den Schreibtisch hinweg ging, konnte man ahnen, wo es verborgen sein mochte. Sebastian brauchte mehr als eine Minute, um zu realisieren, dass es sich nicht um ein Hirngespinst handelte. In der zweiten Tastenreihe der Maschine las er tatsächlich den Namen des Kerlchens. Qwertzui Opü!

Und das Wesen sprach und prustete. Und als Sebastian weiter zögerte, ging der Tintenfassdeckel auf und mit dem Prusten des Kerlchens spritzten auch hellblaue Tintentröpfchen, die sich aus seiner Spucke und der eingetrockneten Tinte entwickelten, übers Löschpapier und Vaters Tagespost.

»Schau' noch mal auf die Maschinentasten, und du wirst in meinem Namen ein wichtiges Wort verborgen finden. Es ist w e r t, darüber nachzudenken. Aber nun zu unserem Training! Das gestaltet sich sehr einfach. Täglich müsstest du etwas schreiben, einen Brief, eine Nachricht für deinen Vetter beispielsweise, aber natürlich auch die Sätze für die Nacharbeiten in Geschichte und Wirtschaftsgeographie! Du hast genug Gelegenheiten, aus Unzulänglichkeiten eine Tugend zu entwickeln. Und nun nimm deine Hände und lege sie auf die Maschinentasten. Ich werde sie so langsam führen, dass deine Gedanken den richtigen Weg aufs Papier finden.«

»Was schreiben wir denn als erstes?« fragte Sebastian endlich, als sich sein Erstaunen gelegt hatte.

»Heute üben wir nur das Datum, Namen und Adresse. Das tun wir nur, um die Finger zu lösen und ein bisschen Selbstbewusstsein zu gewinnen.«

So klapperte Sebastian auf der alten Triumph herum, bis der Vater kam. Schon am nächsten Morgen, beim Zähneputzen meldete sich das Qwertzui Opü vernehmlich.

»Heute«, sprach es, »wollen wir analysieren, wie so ein Tag abläuft, was ihn aus dem Einerlei herauslöst und ihn von allen anderen Tagen, die bisher waren, abhebt und unterscheidet.«

Sebastian kam gar nicht dazu, länger darüber nachzudenken, was er sich merken sollte. An Lustigem, an Schlechtem, an Bemerkenswertem. Von den vielen Ereignissen des Tages das Beste? Oder das Schlechte?

4

Allerdings pochte der Vater ständig auf Pünktlichkeit. Schöffler Junior musste aus dem Haus. Der Schulbus war brechend voll, und längere Ampelstopps machten eine vollkommene, rituelle Vorbereitung auf die erste Schulstunde unmöglich. Sonst, an normalen Tagen lief der Morgen ja üblicherweise mit Heftevergleich oder mit Rauchen auf der Toilette oder mit der Fußballanalyse der Vorabendspiele ab. Heute nicht! Eine Lehrerin war schon da. Sie saß da vorn wie eine Kröte im Sumpf.

Und sie war offenbar eine neue Kraft. Eine Referendaraufgabe nahm sie wahr und probte somit wie üblich bei jungem Gemüse den Aufstand gegen die alltäglichen Paukergewohnheiten. Es gab keine Anwesenheitskontrolle, sondern das abtastende Gespräch quer durch die Klasse, weil sie sich Namen und Eigenarten der Schüler einprägen wollte. Und bei jedem, ob nun bei jungem Mann oder junger Frau – so wie man ja dic angehenden Abiturienten an sich betrachten sollte – blieb sie mit ihrer widerborstigen Frage nach dem Leistungsstand und den Defiziten hängen.

Bei Schöffler, Sebastian angekommen, konnte er seinen Namen und die Adresse noch ohne Stocken herausposaunen. Aber dann!

Dann überwältigte Sebastian bei der Frage der Lehrerin nach dem Leistungsstand das ihn unsichtbar begleitende Qwertzui Opü mit der selbsterkennenden Aussage: »Ich kann nicht schreiben, nicht zusammenhängend formulieren. Mir mangelte es bisher an breitem Literaturwissen und was da noch aus der Welt der Dichter und Denker für wichtig gehalten wird.«

Sie, die Kühle, schlug die Notenkladde auf und fand auf- und abschauend und quersummenrechnend das Maß aller Dinge: die Fünf. Und auch den Ausreißer! Den Dreier!

Das Schweigen, das sich nun in der Klasse verbreitete, galt nicht nur Schöffler und Bauermeister und wie sie alle hießen, die die Ziele kannten, aber immer verfehlten. Sie, die Neue, blickte Schöffler in das gar nicht so kindliche Gesicht und erinnerte sich selber überhaupt nicht so ferner Tage, an denen es ihr eigentlich nicht anders ergangen war. Und sie hatte auch schon gehört, dass Herr Hartmann äußerst prekäre Fragen an Referendare und nicht nur an Schüler stellen konnte.

Während sie ganz langsam ihren Blick von Sebastians Augen nahm, als sie nämlich merkte, dass sie sich ohne Worte zu begegnen begannen, sagte sie völlig stereotyp: »Eine Schwalbe macht noch keinen Sommer. Und nur eine einzige Wolke kann die Sonne verbergen. Aber das Mondlicht steigt bis ins tiefste Tal hinab.«

Alles andere, was in den folgenden Unterrichtsstunden passierte, war Routine. Der Biologieunterricht und die französische Belletristik. Aber auch diese Stunden hinterließen unmerkliche Spuren. Denn das Geheimnis der biologischen Metamorphosen und die Verse wie

Aimer à loisir
Aimer et mourir

aus »L' Invitation au voyage« von Baudelaire blieben bei Sebastian so hängen, wie auch der lange, lange Blick der jungen Frau.

Lieben um frei zu sein
Lieben und sterben

Bereits auf dem Schulheimweg versuchte er, sich krampfhaft an die Farbe ihrer Augen zu erinnern. Und während der Hausarbeit, die sie allen aufgegeben hatte – das Lesen einer Episode – verschwanden die Erinnerungen an die junge Lehrerin so schnell, dass es ihn schmerzte.

Das Qwertzui Opü meldete sich in diesem Moment mit krächzender Stimme: »Siehst du! Was habe ich dir versprochen. Der Tag, dieser Tag ist etwas Besonderes. Lege deine Finger auf die Tasten und lass die Gedanken in deine Hände gleiten und mit den Buchstaben und Worten arbeiten, so dass wir's nachher gemeinsam lesen können.«

Mit größtem Widerwillen berührte er schließlich die Tasten und buchstabierte und zählte die Anschläge und formulierte bis ... bis er merkte, dass er das Papier vergessen hatte und dass dadurch seine wunderschön zusammengesuchten Ausrufe und Seufzer für immer verloren waren.

5

Es vergingen so drei Tage, bis wieder Deutsch auf dem Stundenplan stand. Schon in aller Herrgottsfrühe erwachte Sebastian in großer Spannung. Einen Bus früher trieb es ihn bereits in die Schule. Und er sah sie zu Fuß kommen. Diese junge Frau! Im Sommermantel mit Kollegmappe, vollgepackt mit Büchern. Sein ursprüngliches Ansinnen, ihr wie zufällig zu begegnen, ließ er schnell fallen, weil er ihre Anspannung von weitem zu spüren glaubte. So blieb es der Sekunde des ersten Blicks überlassen, wie sie ihn begrüßte, wie er den Gruß erwiderte, wie er das überhaupt empfand.

Verdammt, dachte er, als gerade das geschah: Das *Guten Morgen*, der erste Blick!

Doch das Qwertzui Opü flüsterte ihm ins Ohr: »Lass die Flüche! Höre zu! Folge den Anregungen, die sie gibt.«

ABCD
Q

Die Doppelstunde Deutsch verlief jetzt wie in Trance und alles andere, was danach geschah, ebenso. Der Geschichts- und der Sportunterricht waren nur noch trockene Blätter vor einer blühenden Rosenpergola. Aber zu Hause kam dann das Donnerwetter. Denn Sebastian nahm die erste Gelegenheit beim Schopf, um das Qwertzui Opü, sobald es sich meldete, zur Rede zu stellen.

»Wer bist du eigentlich?«, fragte Sebastian.

»Schau her, wenn du genug Fantasie hast, dann wird es dir gelingen, mich zu erkennen. Ich hoffe, dass deine Vorstellungskraft ausreicht und dass deine Augen weit offen sind, um zu sehen. Ich bin wie du. Dein unausgesprochenes Wort, dein einsilbiger Wunsch, deine wortlose Sehnsucht sind meine Maskerade. Sieh mein bleiches Gesicht!«

Sebastian blickte tatsächlich auf einen Körper wie ein Q. Auf hochgestreckte Arme wie ein W. Und auf das kleine Gesicht aus O und P und Ü. Die Farben des Körperchens wechselten chamäleonartig.

Mit einem Finger, riesengroß wie ein Revolverlauf, deutete das Qwertzui Opü auf ihn und sagte leise: »Ich habe dir eine Chance versprochen. Verspiele sie nicht leichtsinnig!«

Dann verschwand das Qwertzui Opü in der Schreibmaschine. Alle Tasten schlugen noch den Takt eines Fandango, und die Papierwalze rotierte in einem diffusen Romantiklicht. Nach diesen unerklärlichen Erlebnissen beschloss Sebastian endlich, sein Zögern aufzugeben. Schon am nächsten Abend setzte er sich in sein Zimmer an die nunmehr vollends vom Vater ausgeliehene Maschine. Und er streichelte sie, sprach mit ihr und ließ schließlich seinen Träumen und Gedanken den Weg in seine zehn Finger.

Die Tasten experimentierten mit seinen Wünschen, formulierten, schrieben und druckten. Und am späten Abend lag der erste, komplette Text – ad referendam gerichtet – auf seinem Kopfkissen.

Der Sonnabend war seit langem immer der Tag der schulischen Literatur-Arbeitsgemeinschaft. Und die bot wiederum die beste Gelegenheit, den Text, den Brief, den ersten, der ohne Befehl oder schulische Forderungen entstanden war, in seine Berichtsmappe zu legen. Die Arbeiten wurden prompt eingesammelt. Ihm brannte fast die Hand, als er sein Heft auf den Stapel in den kritischen Arm der Schule legte.

Im Wechsel zwischen Gänsehaut und Herzklopfen verbrachte er den frühen Nachmittag. Weder Fußball- noch Schwimmfest-Berichte konnten seine Gedanken in eine andere Richtung als in die seiner jungen Lehrerin drängen. Am späten Nachmittag hielt er es schließlich nicht mehr aus und wanderte fröstelnd durch die in Dämmerung gleitende Stadt. Gehofft hatte er wohl, dass es ihr nicht anders erginge. Der Lehrerin! Aber es passierte doch immer so mit den Sehnsüchten – man war und blieb mit ihnen völlig allein.

Das Qwertzui Opü lauerte am Sonntagmorgen schon kurz nach dem Frühstück mit neuen Schreibattacken auf ihn: »Lass in deinen Bemühungen nicht nach! Ein neuer Tag singt ein neues Lied, mein Freund!«

Diesmal rannte aber Sebastian gleich mit ungebundener, loser Krawatte, offenem Sakko und Turnschuhen aus dem Haus. Es konnte doch nicht sein, dass das Schreiben solche Qualen nach sich zog. Und in fertigen Sätzen mit Interpunktion und Regieanweisungen dachte er bereits. Was würde sie sagen, die Zauberhafte? Und auch: Wenn sein Schwarm doch in diesem Moment …! Bitte! Geschehe es doch! Bitte!

6

Der Weg um den See, vorbei an den Birken und Pappeln, wollte kein Ende nehmen wie der Sonntag überhaupt. Er nahm die Rückseite eines alten Fahrscheins und schrieb darauf wie eine Verschwörung: Du.

Weiter kam er nicht, denn das Qwertzui Opü hatte ihn eingeholt und erneut mit seinen Einflüsterungen begonnen.

Die berühmt-berüchtigten Verleger von allerlei Dramen, die Herren Reclam, Cotta und Diederichs, stapelten ihre Broschüren und Textausgaben derweil auf dem Schreibtisch und wollten gelesen werden. Gleichgültig, ob die Literaturhelden nun Hermann und Dorothea oder Pygmalion oder Nora hießen. Diese vermaledeiten Traktate, die er seit geraumer Zeit lesen musste. Jetzt aber fraß er sie! Er verglich das Leid der Helden mit dem seinen und fand sich bestätigt oder auch nicht. Mit Werther glaubte er sich ebenso verwandt wie mit Cyrano. Und dennoch war ihm letztlich keiner gleich. Erlösung konnte es nur am Montag geben. Und Deutschunterricht hieß das Zauberwort.

Und als Frau Trautmann, die Referendarin, mit dem Heftestapel den

Klassenraum betrat, vermisste er ganz besonders die alt gewohnte Zeremonie Hartmanns, die ihm immer genug Zeit zur inneren Vorbereitung geboten hatte. So kam nach langem Weg durchs Alphabet endlich das Heft von Sebastian Schöffler an die Reihe. Die Erwähnung wurde nicht von Tiraden oder einer lakonischen Bemerkung begleitet.

Sie legte das Heft einfach ungeöffnet auf den Tisch und sagte: »Fleiß hat seinen Wert. Die Intuition mag noch wachsen, aber mit Leidenschaft ist nicht alles zu erobern.«

Die Schamröte kroch ihm aus dem Hals fast übers ganze Gesicht, ehe er noch zu überdenken wagte, dass doch niemand von seiner Schwäche etwas wissen konnte. Außer dem Qwertzui Opü!

Aber das Kerlchen flüsterte ihm gerade noch rechtzeitig ins Ohr, das Heft nicht zu öffnen und möglichst zu schweigen. Denn seine zitternde Stimme hätte ihn verraten! Erst in der Geschichtsstunde zwängte er seinen Blick zwischen die Seiten. Dort steckte das Kuvert. Ein Kuvert, nicht das Kuvert, weil es eine andere Farbe als üblich hatte. Und danach war er kaum noch in der Lage, dem Unterricht zu folgen, der sich diesmal um Kriegsanlässe kümmerte, um Revolutionen und Zeitwenden. Um Kriegsanlässe wie zum Beispiel den Trojanischen Krieg, in dem es letztlich auch bloß um eine besondere Frau ging.

Ein Fieber bemächtigte sich seiner stattdessen, wie er es noch nicht kannte. Ähnliches hatte er nur in sehr jungen Jahren beim Pudding- oder Marmeladenaschen empfunden. Aber es lag ihm auch hier auf der Zunge und am Herzen. Den Brief hatte er schon heimlich unter den Pullover geschoben, um ihn so bald wie möglich zu lesen.

Während der Schulstunden war das aber nicht möglich. Zu viel Trubel, zu viel Nähe Neugieriger und die denkbare Not eines vielleicht unglücklichen Zufalls! Aber am Park, wo man Heldengedenkstätten pflegte, Amor und Psyche und die Ortsheiligen in marmornen Standbildern auf hohen Sockeln verehrte, bot sich endlich die Gelegenheit, das kostbare Papier zu öffnen.

»Sebastian«, las er, »ich kann eigentlich nicht glauben, dass Sie bisher so schlechte Zensuren erhielten, denn ich finde, dass Ihre Worte sehr viel Gefühl enthalten und durchaus schön sind. Meinen Sie denn das wirklich so? Oder ist es nur eine Stilübung?«

7

Sebastian fühlte sich elendiglich ertappt. Aber auch ein wenig glücklich, denn unter seinem Pamphlet aus der Literatur-Arbeitsgemeinschaft stand nur die Zahl Drei und keine Fünf. Kein aberwitziger Kommentar. Der ungewöhnliche Brief war aber das eigentliche Zeugnis eines Erfolgs. Wenn das Qwertzui Opü jetzt aus dem Köcher des steinernen Amors gegenüber gekrochen wäre, hätte Sebastian es gestreichelt oder sogar geküsst.

Er las die wenigen Sätze mehrmals, ohne zu bemerken, dass ein leichter Nieselregen fiel. Und als sich ein Regenschirm über ihn spannte, blickte er immer noch nicht auf.

Dann aber fielen die Worte: »Ist es nur eine Stilübung?«

Sie stand neben ihm. Frau Trautmann. Oder doch Fräulein? Sie blickten sich gerade ins Gesicht.

Und sie sagte: »So geht es nicht! Sie dürfen mir keine Briefe schreiben. Wir stehen beide vor Prüfungen, die unser Leben entscheiden. Und selbst dann, wenn ich nachfühlen könnte, wie es in Ihnen umgeht, muss ich Ihnen sagen, dass es unmöglich ist.«

Er sah, dass ihre Augen andere Worte sprachen. Sebastian stand vom Denkmalsrand auf, stopfte den fast zerknüllten Brief in die Jackentasche und hakte sich so schnell wie möglich bei ihr ein. Ein Glück, dass der Nieselregen allen Spaziergängern ins Gesicht stob! Dadurch gab keiner Acht, ob eine Lehrerin und ihr Schüler durch den Park am Museum gingen. Das Qwertzui Opü saß auf der Regenschirmspitze und lauschte – oder besser: versuchte zu lauschen, was unter dem gelbroten Seidenpilz geflüstert wurde.

Und was verstand es?

Nach einer Weile fragte Sebastian, wie denn der Vorname wäre.

Und sie antwortete nach schmerzlich langem Zögern: »Mirabell!«

Und Sebastian wiederholte die letzte Silbe: »Belle, Belle, La Belle!«

Sie hatten die Parkmauer erreicht und gingen gemeinsam durch das Böttchertor zu den Gärten, wo nur Rentner am Sonnabendnachmittag jäteten und die Bäume schnitten. Das Qwertzui Opü verließ die beiden hier, weil es wusste, dass heute kein Wort mehr geschrieben würde. Und sie erreichten, ohne zu wissen wie, das Buchenwäldchen, das nicht nur Hasen und Rehen Schutz bot. Im milden Licht der rheinischen Niederung, das zuweilen ans Licht in Venetien erinnerte, setzten sie sich, sahen sich an, legten den Schirm zusammen und schoben mit trockenen Ästen verlegen alte Buchenblätter und die Hülsen der Bucheckern zu geheimen Zeichen zurecht. Und die beiden Äste trafen sich und zeichneten unwillkürlich noch ein großes Herz in den Waldhumus.

Der Regen war ihnen inzwischen völlig egal.

»Bastian«, sagte sie, »es ist Unrecht, was ich tue!«

Aber er streichelte längst den Amorbogen ihrer Oberlippe, bevor er sie küsste.

Sieben Jahre war sie älter als er. Sie hatte die Klasse geradewegs durchs Abitur zu bringen. Und zudem musste sie aber auch ihre eigene Prüfung vor Hartmann und den anderen Koryphäen von der Schulkommission bestehen. An Sebastian hatte sie sich angelehnt und war glücklich unglücklich. Während in Sebastians Kopf die Sonettenreime nur so daherpurzelten und sich zu wundervollen Texten fügten, kamen Distelfink, Goldammer und die allgegenwärtige Amsel vorbei, um nach den beiden zu schauen. Und diese Beiden hatten sich in ihre Lippen vertieft und den Regen und das raschelnde Altlaub des Buchenwäldchens vergessen. Erst als mit dem letzten Büchsenlicht höflich vorsichtige Rehe an ihnen vorbeihüpften, erschraken sie. Und mehr als die Rehfamilie!

Nach dem Katzenjammer am Sonntagvormittag, an dem sich beide – jeder für sich – unendliche Vorwürfe machten, packte Sebastian erneut die Schreibwut. Das Qwertzui Opü hatte gehörig geprahlt mit seiner Chance und den Fingerübungen. Dadurch liefen seine Gedanken ums Herz herum Amok, und die Finger malträtierten die Tasten des Qwertzui-Opü-Gehäuses. Dennoch kamen wider Erwarten hörenswerte Verse heraus, wie sich Sebastian immer wieder selbst versicherte:

Ich hab‘ an deinem Augenlid gehangen
Und in die Purpurtiefe lang geseh‘n
Denn deiner Seele bin ich nachgegangen

In ihrem Schatten hab‘ ich noch gestanden
Um deine Stimme besser zu versteh‘n
Und im Gedankenstrom dann zu verlanden

Nur dieser Brandung hab' ich nun gelauscht
An deinem Schritt hab' ich so gern geprüft
Wie stark der Schlag des Herzens mich berauscht

Und fühlte auch noch diesen Fluss versanden
Mein Herz wie eine Frucht aus fernen Landen.

Als das übervolle Herz leergeschrieben war, jedenfalls für diesen Sonntagvormittag, nahm Sebastian dann alles in die Hand und vor Augen, was den Anflug von Zweisamkeit hatte. Hero und Leander hatten so etwas erlebt. Und das Libretto der Zauberflöte sagte nichts anderes. Und Hamlet auch. Ach nein, da irrte sich Sebastian, denn er fand dann sehr schnell heraus, dass darin die Einsamkeit im Schloss und in Hamlets Herzen zugegebenermaßen überhand nahm.

8

Mit dem schweigend eingenommenen Mittagessen war zwar der Leib mit notwendigen Stoffen und Vitaminen gefüllt, aber die beherzte Seele, das beseelte Herz blieben leer. Das trieb ihn um. Aus dem Haus ging er dann, um einfach neue Gedanken aufzulesen.

»Hoffentlich«, dachte Sebastian, »läuft mir das Qwertzui Opü nicht nach.«

Doch als er sich über die Balustrade am Rathausplatz lehnte, war dieser Begleiter auch schon neben ihm und versuchte, ihn abzulenken: »Sebastian, schau' auf die Gedenktafel, sieh die Galerie entlang, und du wirst überall die Geschichten dieses Platzes entdecken. Die Giebel der Häuser stehen noch heute so nahe beieinander, wie sich ihre Erbauer seinerzeit selber waren. Und ihre Kraft lebt weiter. Sie haben immer mit Zukunft gehandelt. Auch du musst noch an deiner Zukunft arbeiten.«

Schöffler spürte, dass das durchaus bedenkenswert war. Aber warum in aller Welt wollte ihm die junge, schöne Frau nicht aus dem Kopf gehen? Sie war doch sehr gegenwärtige Zukunft. Und es waren nicht das Parfüm, nicht der sensationelle Haarschnitt, die ihn erfasst hatten. Keinesfalls der Gang und die Haltung! Es war vielleicht nur die Tatsache, dass sie ihm zugehört hatte, dass sie seine Schwächen nicht für ihre Macht benutzte und dass sie nicht in Stärke ausuferte. Druck übte sie auch nicht aus.

Als er nach Hause streunte, vergessen, vertieft und verloren, begann er aufzuschreiben, was auf dem Pflaster des Rathausplatzes im Gegenlicht zu erkennen war.

Die Fußspuren der Bauern, die seit Jahrhunderten über Gillbach und Erft auf den Markt kamen. Ihnen folgten die Landsknechte und Soldaten truchsessischer Attacken. Die schweren Stiefelabdrücke und Radspuren der Kanonenwagen einer späteren Invasion zu Louis' des Soundsovielten Zeiten hatten tiefe Rinnen und Flecken hinterlassen. Und sie kreuzten auch die Wege der Schulkinder aller Zeiten. Und leicht und fröhlich bewegt ging sogar der Zug der Spielleute und Tanzgruppen vieler unvergessener Schützenfeste darüber hinweg. Schwer lagerten jedoch die Rauchschwaden der Kohlefeuer der Trümmerfrauen über dem Platz, als die Platanen, Eschen und Birken verheizt werden mussten, weil ihre Kronen ohnehin von Granaten und Phosphorfeuer zerstört wurden.

Sebastian konnte in seinem Wachtraum auch die Fahnen und Spruchbänder so mancher Proklamation und einiger Aufstände oder Aufmärsche für Streiks erkennen. Der Platz hatte alles gesehen. Schrecken vermischte sich aber bald mit dem vergnügten Spiel der Kinder, der Hunde und Jugendlichen um den neuen Brunnen, aus dem zu besonderen Zeiten schon mal Freibier fließen sollte. Schöffler schrieb auf kleinen Merkzetteln über das Pflaster des Marktes, über das Mosaik und dessen Steine mit wachsender Leidenschaft, so als wäre er selbst die bronzene Figur auf dem Brunnen, die gerade heute ein schlagendes Herz zum Leben erhalten hatte.

Ehe er seinen eigenen Schatten wieder auf dem Platz zu sehen begann und ihn beschreiben wollte – als Teil eines Mosaiks aus Steinen, Menschen und Zeiten – tippte ihm das Qwertzui Opü energisch auf die Schulter.

»Das ist ja schon ein ganz manierlicher Text. Aber du bist ein zu nachdenklicher Mensch, der erst alle seine Facetten schleifen sollte, bevor er solches schreibt. Du müsstest den Menschen einmal länger zuhören. Du solltest sie necken und plagen, so wie ich das mit dir bereits treibe, dann bekommst du ein prima Gefühl fürs Leben.«

Sebastian hob die Hand: »Und das ist alles nötig, damit ich das Abitur schaffe?«

»Wenn ich mich schon inkorporiere und mir eine erträgliche Gestalt gebe und mich aus meiner geliebten Umgebung einer beredten Maschine herausbegebe, dann mach' ich das doch nicht nur für das alberne Abitur und für den Firlefanz eines Liebespalavers und die lächerlichen Stilkritzeleien auf Visitenkarten oder blauem Briefpapier! Nein, nein! Dann will ich für dich Höheres. Ich mache dich zu meinem Werkzeug.«

Das Qwertzui Opü hüpfte hierbei in großen Sätzen wie eine Wüstenspringmaus auf dem Arbeitstisch herum, bis es mit Gestank nach Tinte oder Druckerschwärze in die Schreibmaschine zurücksprang und dabei noch auf dem frisch eingespannten Bogen mit allen Fingern und Zehen diese Scharade tippte:

Ganze dreißig
Druckbuchstaben

Soviel weiß ich
Kannst du haben

Um zu dichten
Texte und Gesang

Für Geschichten
Kurz und lang.

Sebastian konnte seinen Anfall von Weltschmerz anschließend nur noch mit einem ungestümen Aufbruch in die Stadt bewältigen. Aber wohin? Was hatte am Sonntag schon geöffnet? Kino, Eisladen, Tankstelle und was noch?

An der Christuskirche blieb er stehen, denn von dort drangen Musikfetzen durchs Schlüsselloch zu ihm, dem Zögernden. Er setzte sich in die letzte Bank und lauschte mit den wenigen Kirchenbesuchern dem Orgelspiel. Sein Gehör ließ er in die Töne gleiten wie in einen kleinen, in der Sonne liegenden See und empfand keinen Anfang und kein Ende. Seine Gedanken gingen mit den Kadenzen zurück über den Markt und durch den Park und zu den Kleingärten und über den Wall und in das kleine Wäldchen.

Er bemerkte nicht, dass sie, ja sie, sich plötzlich, aber leise neben ihn setzte. Sie steckte die Hand in die seinen, die unwillkürlich gefaltet waren. Ehe er froh war, dass es zu dieser Fügung gekommen war – niemand hätte es besser erfinden können – stellte er erleichtert fest, dass es diesmal nicht das Qwertzui Opü war, das sich neben ihn setzte. Im perlenden Rondo Fugetto der Musik waren die gemeinsam gefalteten Hände zu einem Bündnis verkettet, das an keinem besseren Ort hätte geschlossen werden können.

Und es war heimlich und unentdeckt und kribbelig und unsicher und berauschend zugleich. Aber niemand außer ihnen wusste davon, weil die Kameraden und Kameradinnen Sebastians ebenso wenig Kirchgänger waren wie das strenge Kollegium.

9

In der täglichen Furcht, das Bündnis könnte sich selbst verraten, aber auch mit der innigen Kraft des Geheimnisses vergingen die vielen Schulstunden, die kleinen und die großen Pausen, die Tage im Flug. Der knappe, zärtliche Blick in der großen Pause an jedem Tag und das wie zufällig stattfindende Treffen der Fingerspitzen bei Buch- oder Heftübergabe waren die Hoffnungslichter, die die notwendige, dunkle Konvention vorsichtig durchbrachen. Hin und wieder, wenn es ein herrlich schauriges Schmuddelwetter erlaubte, unerkannt unter Regenschirme zu kriechen, trafen sie sich und schlenderten hinaus über den Wall. Und in der Schonung fanden sie neue Reime auf Liebe und Herz. Und so wurden die Wochen bis zu den Klausuren und Prüfungen nicht unbedingt zur Qual.

Auf der Woge der neuen Verse, neuer Fragen und auch neuer Antworten wurde alles so leicht. Doch – während die Hürden im täglichen Schullauf scheinbar niedriger wurden – wuchsen sich die Scharmützel mit dem Qwertzui Opü zu Haus zu einem Kleinkrieg aus. Wie beispielsweise am Donnerstag, eine Woche vor den berüchtigten Tagen der Wahrheit.

»Sebastian«, meckerte das Qwertzui Opü, »du hast mich seinerzeit nicht richtig verstanden, als ich dir erklärte, dass ich zum Stamm der Opü gehöre. Die Opüs sind die offiziellen, ordentlich zugelassenen Plageübel. O! Pe! Ü! Die, wenn man sich mit ihnen einlässt, auf die Einhaltung der Spielregeln achten. Zu meinem Stamm gehören der Druckfehlerteufel, der

Tintenklecks, das Eselsohr, das Strumpfloch, der Schnürsenkelkobold und noch einige, von denen ihr Menschen nur ungern Kenntnis nehmt. Wir sind immer da und erscheinen mit absoluter Zuverlässigkeit dann, wenn man uns nicht braucht. Das ist schon sehr spaßig, geb' ich zu. Unsere Begleiterscheinungen sind Angstschweiß und Schamröte, Fingernagelkauen und Flüche. Wie stellst du dir nun unser künftiges Zusammenleben vor? Ich habe jedenfalls nicht nur für einen kurzweiligen Jux meine Maschine verlassen.«

»Wieso? Hab' ich denn mit dir einen Vertrag geschlossen?«

»O ja! Wie würdest du denn sonst in der Schule aussehen? Du wärest doch ganz verloren mit deinem Kauderwelsch im Heft und mit dem absoluten Chaos im Kopf. Ich habe halt meinen Preis.«

Schöffler schrie nun: »Mich plagen die Lehrer schon genug. Ich will nicht den Teufel mit Beelzebub austreiben!«

»Das musst du nicht«, antwortete das Qwertzui Opü gönnerhaft, »ich kriege Kopfgeld für dich, wenn ... Wenn ich am dreizehnten zu unserem Opü-Treffen auf den Hängeboden gehe, will ich über Erfolge und eine Zukunft mit dir berichten. Alle fiebern den Ergebnissen meiner Experimente entgegen. Also! Ich höre!«

Weiter kam das Qwertzui Opü aber nicht. Sebastian hatte nämlich schon die schwarze Abdeckhaube von der Maschine gehoben, das Farbband gepackt und es dem Maschinenzwerg um den Hals geschlungen, so dass ihm die Augen herausquollen.

»Bitte, bitte«, krächzte das Qwertzui Opü jämmerlich, »ich lass' dir deine Schwärmerei, und eingestandenermaßen schreibst du ja inzwischen auch sehr schöne Sachen. Aber das ist brotlose Kunst. Und du hast doch gemerkt, dass nur die Schreibmaschine beseelt ist. Und das liegt ausschließlich an mir. Und übrigens! Begreife, dass du dich so um deine Zukunft bringst.«

Schöffler blickte auf das alte Mühlespiel, auf dem das Qwertzui Opü gerade saß, und er sah, wie sich die Steine zur Zwickmühle verschoben.

»Ich muss in meiner Organisation auch meine Existenz erhalten«, wurde das Qwertzui nun auch noch ziemlich ernst. »Hast du schon gesehen, welchen Schnickschnack die Menschheit jetzt von Geistern anderer konkurrierender Stämme aufgedrängt bekommt? Keyboards! Kabel über Kabel!

Die sogenannte Maus, dieses felllose Ungeheuer. Und Bildschirme. So genannte Fenster der Welt. Eine Unzahl von künstlichen Worten, in denen du dich verirren wirst wie in einem Wald. Nichts mehr wird dem Papier mit der Hand oder vornehm mit der Feder anvertraut!«

Sebastian öffnete während dieses Vortrags mehrmals stumm den Mund.

»Die neuen Herren der Sprache und der Schrift«, so setzte das Qwertzui Opü seine Rede mit einem langen Seufzer fort, »werden es dir schon zeigen. Solltest du dich ihnen anvertrauen, werden sie dich über Datei und Menü aushöhlen. Sie speichern deinen Wortschatz, deine Satzstellung, mäkeln an deiner Grammatik herum. Deine Ideen werden katalogisiert, systematisiert und automatisiert und manipuliert und ... Wie schreibst du denn deine Anbetungsverse? Die Aufsätze? Du verlernst sehr bald, den Federhalter anzukauen. Hör' auf mich! Ich bin die Seele der Maschine! Ich, das Qwertzui Opü!«

Weiter kam das Qwertzui Opü nicht, denn Sebastian erhob sich abrupt, stieß den Stuhl um und schlug mit der Fliegenklatsche zu. Aber das Qwertzui Opü sprang munter und lustig keckernd herum. Mal aufs Mühlebrett, mal auf Konrad Duden und mit einem Salto zurück auf die Schreibmaschine.

10

Dies geschah am Donnerstag. Und am Freitag ging's ganz ähnlich zu. Da stülpte das Qwertzui Opü Sebastian Schöffler eine neue Angstkappe über, indem er ihm von der Putzsucht, dem Kosmetikbedarf und dem Kleiderfimmel der Frauen berichtete.

»Liebe«, dozierte das Qwertzui Opü, »hat eben ihren Preis.«

Arbeiten müsste man dafür, und das Abitur wäre ein solches Nadelöhr, durch das man in das Paradies der Arbeit kröche.

Am Sonntag nahm das Qwertzui Opü nochmals mit den unberechenbaren Gegengeistern an der Verfassung von Sebastian Schöffler Maß. Es erzählte von den Abhängigkeiten der Rams und Roms und Interfaces und Bits und Bytes, die sich ganz anders verhielten als die guten alten Geister der Opüs.

Diese Truppe vom alten Schlag wäre ziemlich verlässlich. Ihre Schlechtigkeit wäre einschätzbar und ein Lebensbedürfnis, damit sich Übermut nicht zu breit machen könnte. Menschen brauchten ebenso hohe Ziele wie tiefe Gräben, in die sie zuweilen fallen müssten. Wenn es Sebastian gefiele, könnte er jederzeit den Suppenkleckerer, den Treppenstufengnom und den Kammzahnbrecher zu Hilfe rufen. Er, Qwertzui Opü, wäre und bliebe auch zuverlässig. Als Marschall der Bildung und der Halter der Karriereleiter und so weiter wäre er unersetzlich, meinte der kleine Unruhgeist.

Am Montag war der Mitschüler Asam sehr nervös. Er verpatzte die Kür im Bodenturnen und versteifte sich infolgedessen auf die schriftliche Arbeit. Bauermeister war der Gelassenste. Deutsch konnte er ja umgehen durchs neue Abwählverfahren, und so setzte er auf Physik und Zeichnen. Die anderen, Magerle, Rodriguez, Brehms, Schubarth, Nebenthaler, Cesme und wie sie sonst noch hießen, ob Mädchen oder Junge oder besser: junge Frau oder junger Mann, sie hatten außer den Ängsten und Phobien nicht mehr als drei Schluck Cola, Kaffee, Zigaretten, schweißnasse Hände und die Wiederkaubewegungen mit Kaugummis der gestankfreien Pfefferminzklasse.

Sebastian Schöffler war dagegen wohl der einzige, der sich neben seiner Einsamkeit auch der Einmaligkeit dieser Stunden bewusst wurde. Das Qwertzui Opü führte ihm die Hand. Es ließ nicht von ihm ab bis zum letzten Punkt, so dass das Pflichtdeutsch mit einem akzeptablen Traktat bewältigt wurde. Er verhaspelte sich in Geographie, stolperte durchs Chemielabor und kam dennoch mit allen Leidensgenossen einigermaßen wohlbehalten durch den Spießrutenwald. Aber danach begann die Leere.

Er sah seinen Augenstern, das schöne Fräulein, nicht mehr regelmäßig. Das war doch kein Leben mehr! Berufsberatung. Vorlesungsverzeichnis. Zimmersuche. Zeugniskopien. Schritte ins Leben oder in die Leere?

Jetzt hatte sich zudem das Qwertzui Opü endlich und hoffentlich zurückgezogen, dachte Sebastian. Es war wie im griechischen Drama, als die Götter beschlossen, die Welt nach ihrem Geschmack zu ordnen und zu verstellen und zu ändern und zu verwirren. Wozu hatte man solche Versmaße gelernt? Den Logarithmus verschluckt und nicht verdaut? Warum die Schlachten von Issus und Gaugamela erlitten? Um die göttliche Fügung am Laborplatz oder in der Mensa besser ertragen zu können?

War er, Sebastian, am Ende gar ein neuer Orpheus, der sich nun nur nicht mehr nach der Geliebten umdrehen durfte? Mit des dunklen Schicksals Mächten, so ging es ihm durch den Kopf, war tatsächlich nur ein Vertrag wie mit einem Seelenverkäufer zu machen.

11

An einem besonderen Sonnabend nach vielen Wochen, an diesem Abend also, hielt er es dann nicht mehr aus. Ihm war es ja gleichgültig, der neue Orpheus zu sein und seiner Euridike vielleicht nur noch einmal nachblicken zu dürfen, sie entschwinden zu sehen, wenn ... Ach, egal! Anfangs lief er nur. Dann rannte er, bis er schließlich mit wahnsinnig rasendem Herzen ihre Haustür erreichte.

War es das Tor des Hades, in den er steigen musste, um sie wiederzusehen? In Träumen und Sehnsüchten verfangen, die nichts mit Prüfungen und Plagegeistern gemein hatten, hechtete er zur Wohnung hinauf und sank, während ihm schwarz vor Augen wurde, lang hin.

Nachdem er aber ihre Lippen und ihren Busen gekostet hatte, erzählte er ihr völlig Unzusammenhängendes, weil das Qwertzui Opü nicht mehr auf der Schulter saß. Er faselte von Orpheusgefühlen, von den Opüs und dem unübersehbaren Heer von Tartarusknechten. Mit seinen Haarspitzen spielend und über das Reibeisen eines Zweitagebartes streichend sagte sie, dass sie das kenne. Es ginge jedem so. Ihr Vater hätte als Tischler für Särge und Kirchengestühl ebenso unter den Attacken von Alben und Unholden gelitten wie sie selbst. Stechbeitel hätten dem alten Herrn ständig Stichwunden beigebracht. Ausgebrochene Sägezähne der Stich- oder Kreissägen hätten seine Arbeit boykottiert. Und so weiter.

Sie sagte: »Sieh mich an. Ich habe ähnliches erfahren. Nimm meine verteufelte Seite 82! Nimm nur den Faust! Seite 82, da steht doch in etwa:

Willkommen süßer Dämmerschein
Der du dies Heiligtum durchwebst
Ergreif mein Herz, du süße Liebespein.
(JWvG)

Oder schlage Brechts Gedichte auf! Gesang von der Frau. Seite 82!

Und es ist immer so, als wäre mein Leben auf Seite 82 aller Bücher beschrieben. Verrückt, was? Aber mein Lieber, mein Guter, jetzt bist du das unbekannte Wesen, der Kobold, der die anderen banalen Mächte, den Stöckelabsatzschreck, den Wimperntuschteufel, den Laufmaschenstecher verscheucht.«

Sebastian spürte auf seiner ganzen Haut die Anschläge der Qwertzui-Opü-Typen der Schreibmaschine zur gleichen Zeit, als ihre Lippen und Fingerspitzen auf ihn tippten. In dieser Seligkeit vertrieben sie die vergessenen Schlüsselgnome und Ketchupdeckelsprenger völlig aus ihrem Denken und Tun. Die Hauskatze hatte anfänglich zwar vom Sessel aus etwas eifersüchtig zugeschaut. Aber sich zu fügen, war schließlich der Katze weiser Entschluss, denn die Macht des Zufalls – der auch so ein Gnom der Opüs war – war noch nicht gebannt. Sie trollte sich in ihr Körbchen und schnurrte irgendwie selig.

Die Opüs hatten in diesen seligen Stunden offenbar keine Macht. Oder doch?

Da geschah es dann aber dennoch. Jäh zuckte es durch Mirabells Kopf, als sie an Hartmann dachte, dem es ja oblag, ihre Befähigungen zu überprüfen. Gehörte Hartmann etwa auch zu den Opüs? Sie berichtete Sebastian von all den Wunderlichkeiten, die nach dem Abitur ganz normalem Leben den Weg verstellt hatten. Also waren sie etwa doch da, schlicht und mächtig existent? Diese Opüs? Und in welcher Maske und Verkleidung? Genial organisierte Plage-Übel? O! Pe! Ü!

12

Kaum hatten die Beiden das Haus verlassen und den Marktplatz erreicht, schlug der böse Geist der ersten Treppenstufe zu. Die Zwei lagen sofort auf der Erde, weil sie die Stufe zu Fall gebracht hatte. Und das sardonische Gelächter der Opüs klang über den ganzen weiten Platz mit seinen allgegenwärtigen Geschichten, in die sie jetzt als Gefallene eingegliedert wurden.

Der nächste Schlag kam auf dem weiteren Weg. Am Übergang vom Platz in die Galerie, dort wo zwei Gedenktafeln im Pflaster eingelassen waren, griff der Brecher nach dem hohen Absatz des linken Schuhs von Mirabell und ...

Das Weitere ist so leicht vorzustellen, dass es nicht beschrieben werden muss.

Trotz kam deshalb bei beiden auf. Da hatten sich die Stadtkobolde offenbar gegen sie verschworen. Mal kleckerte Taubendreck auf Hutkrempe und Revers. Ein Markstück fiel am Fahrkartenautomaten eben mal ständig durch. Sie erkannten aber auch, dass sie begonnen hatten, an ihren Gemeinsamkeiten zu basteln. Und das Qwertzui Opü hatte alle Heerscharen seiner Zunft aufgeboten, um das zu verhindern. Deshalb beschlossen Schöffler, Sebastian und seine Freundin Trautmann, Mirabell den Quälgeist direkt zur Rede zu stellen. Und, wenn es ging, auch in die Enge zu treiben!

Sebastians Eltern hatten schon den starren Blick auf den Fernseher und ins Programmheft aufgesetzt, als beide in die Wohnung kamen. Seine Eltern wollten eigentlich nichts von der Verbindung wissen. Beim Öffnen des Sakkos von Sebastian sprang der Mittelknopf mit großem Vergnügen von seinem Faden. Und nicht auf die Erde, nicht auf den Flokati. Nein, im hohen Bogen ballistisch vortrefflich in Vaters Keksschale. Hatte der Vater es doch geahnt! Eine unmögliche Verbindung!

Mirabell und Sebastian setzten sich daher recht ängstlich, wie es schien, unter den begrenzten Schein der Arbeitstischlampe. Leise deutete Sebastian an, dass jetzt der richtige Moment zur Konfrontation bevorstünde. Er öffnete deshalb den Schreibmaschinendeckel.

Die Tasten klickten anfangs vorsichtig, dann aber schneller werdend, so dass beide mitbuchstabieren konnten: »Hallo ihr Ungläubigen! Habt ihr erkannt, dass alle Macht bei uns liegt?«

Dann kroch das Qwertzui Opü aus dem Typenhebelgewirr und stolzierte auf der Walze herum.

Mirabell sagte: »Ich sehe dich zum ersten Mal. Was kannst du mir bieten?«

»Die Opüs sind in allen Winkeln der Welt. Wenn wir wollen, können wir jeden Stein zum Laufen bringen. Geht jetzt zurück in eure Wohnung. Und ich werde euch beweisen, was in meiner Macht steht.«

Sebastian begehrte auf: »Du kannst uns im Mondschein begegnen!«

»O ja! Das werd‘ ich auch!«

»Man sollte dir und deinen Konsorten den Kammerjäger auf den Pelz schicken«, konterte der junge Mann.

»Ach, macht euch keine Sorgen. Wir sind extrem widerstandsfähig, und eure Menschengifte regen unseren Vermehrungstrieb noch zusätzlich an. Ich sagte euch ja: Wir sind jetzt schon in allen Winkeln und Ecken. Aber dann! Was meint ihr, was dann erst los ist!«

Und wie auf Kommando klapperten die Maschinentypen: »Bravo, Bravo!«

Die Tintenfassdeckel – rot und blau – schlugen laut Hurra!

Mirabell fragte dennoch ganz keck: »Wie vermehrt ihr euch denn? Ich habe noch kein Weibchen von euch kennengelernt.«

»Ach, so intim wollte ich nicht werden«, antwortete das Qwertzui Opü. »Aber so weit, so gut! So viel sei erklärt, indem ich euch ganz einfach auf Schlösser und Schlüssel hinweisen möchte. Das sind sozusagen unsere Brutstätten und Brutkästen. Ich muss euch aber nicht so genau die Arbeit von Schlüsselbärten und Schlüsselfallen erklären.«

Mirabell blickte schnell verstohlen auf ihr Schlüsselbund und flüsterte Sebastian ins Ohr, dass sie jetzt doch weggehen sollten.

Da rief das Qwertzui Opü dazwischen: »Geht bloß, geht! Ihr Ungläubigen.«

Sie kehrten der elterlichen Wohnung den Rücken und gingen Hand in Hand den nun schon gewohnten Weg zurück. Kaum hatten sie den Marktplatz erreicht, riss die Wolkendecke des Abends auf, und ein Vollmond, der noch gar nicht an der Reihe war, illuminierte den Figurenbrunnen im Marktzentrum, als stünde er mitten in Rom.

Und – o Schreck! – in dieser romantischen Kaltlichtkulisse zeigte sich rund um den Brunnen im Kleinsteinpflaster der Schriftzug, aus Steinen zusammengesetzt:

Basti et Belle.

13

Die unverbesserlichen Stadttauben hatten ihren Kot so fallen gelassen, dass den Pflastersteinen nichts anderes übrig blieb, als sich auf diese eigentümliche Weise hinzulegen. Das Qwertzui Opü hatte doch tatsächlich sofort seine Macht in blamierender Manier verwirklicht. Wie sollte man dem entgehen? Wenn die Opüs allgegenwärtig und vielleicht auch allmächtig waren, wie konnte man ihnen dann überhaupt entkommen?

Sie beschlossen, einer Eingebung folgend, sich nur noch gemeinsam dieser Bande zu stellen.

»Gemeinsamkeit macht unangreifbar«, meinte Mirabell stolz.

»Und das Du«, sagte sie dann, »das unverbrüchliche Du hat eine größere Macht als diese Qwertzui Opüs und alle Schrate dieser Welt zusammen.«

Sie zogen also endlich zusammen. Sebastian schleppte seine Bücherkartons. Die Eltern gaben ihm Bettzeug mit. Besteck und Tassen ebenso. Ein, zwei Töpfe fanden sich, um den Junghaushalt etwas zu erweitern. Alle Sparsamkeit reichte aber nicht aus, ein Computerset mit Bildschirm, Keyboard und, und, und ... zu kaufen. Es blieb ihnen nichts anderes übrig, als die alte, schwarze Schreibmaschine doch noch mitzunehmen.

Sebastians Studium begann bald. Und Mirabells Schulprüfungen verliefen wie Regen und Sonnenschein im April, obwohl es bereits Mai war.

Die Beiden schrieben wie vereinbart vor allem die profanen Texte wie Wohngeldanträge, eine Geburtstagshymne für Fred oder die Textabschriften der gängigen Soziologen und über Psychologie – oder war es gar die Soziometrie? – mühsam mit dem schwarzen Schreibmaschinenungeheuer. Fossilo wurde es zuweilen gerufen. Und die Maschine streikte nicht. Sie tat sich nur manchmal etwas schwer mit den Qs und den Os.

Im Juni gingen sie wegen des schönen Wetters bei jeder Gelegenheit, die sich für eine Lehrerin und einen Studenten am späten Nachmittag ergab, an den schmalen Fluss. Selbst die Kieselgeister, die sie am Ufer gemeinsam zu Hilfe riefen, sprangen harmlos von ihnen weg. Und als sie danach Treibholz und ganz rau gespülte, halbblinde Glasscherben sammelten und auch nichts passierte, waren sie überzeugt, dass die Opüs endlich von ihnen abgelassen hatten.

Im Juli schämte sich Mirabell bereits, mit an das Flussufer der Erft – auf den Wanderweg von der Eifel bis zur Mündung – zu gehen, weil der Einteiler die Wölbung ihres Bauches nicht mehr verdeckte. Die Nachtschattenstrümpfe bekamen häufiger als sonst Laufmaschen, weil der Hüftgürtel straffer angepasst werden musste. Während der Hundstage aber ließen sich die Gurken- und Pflaumengläser, auf die Mirabell gerade einen Mordsappetit hatte, überhaupt nicht mehr ohne Gewalt öffnen. Hatten die Opüs doch immer noch so viel Kraft?

Und in diesen hellen Julinächten des Sirius fühlten beide oft über den Fünfmonateleib Mirabells, den noch niemand in der Schule gesehen hatte, weil auch allgemeine Sommerferien herrschten. Sobald sie dann die kleinen Tritte und Püffe ihres ersten Kindes spürten, mussten sie doch die glückliche Fügung durch das Qwertzui Opü anerkennen. Und lächeln!

Aber sie wollten sich nicht eingestehen, dass ihnen immer wieder die Furcht ans Herz und in den Kopf kroch, dieses Qwertzui Opü könnte ihnen nach all den abstrusen, aber lächerlichen Schandtaten doch noch Undenkbares, aber Mögliches antun. Wie denn, wenn eine Frühgeburt einträte, oder falls die Rhesusfaktoren nicht stimmten! Oder wenn das Qwertzui Opü etwa auf Gestalt und Geist und Seele ...

Fast jeden Abend lagen sie lange und schweigend wach. Das zog sich so bis in den September hin, als die Blätter von Ahorn und Pappel schnell zu welken begannen. Wegen der zähen Trockenheit eines perfekten Badesommers. Besonders beunruhigten sie die vermehrten Schwangerschaftsstreifen, die wie Laufmaschen des Körpers wirkten. Das Qwertzui Opü machte offenbar wahr mit seinen Drohungen.

Die Schreibmaschine spielte dagegen die Scheinheilige. Sie reagierte weder auf lyrische Versuche Sebastians, noch auf ein direkt an das Qwertzui Opü adressiertes Beschwerdeschreiben. Auch gutes Zureden in Gebetsform ließ den Quälgeist nicht inkarnieren. Auf den Arbeitsplatz, auf den Tisch und rund um die Maschine gestreutes Talkum, das Mirabell von der Schwangerschafts-Gymnastiklehrerin vorsorglich erhalten hatte, blieb unberührt. Kein Fußabdruck, keine Fingerspur! Nicht einmal der Hauch eines Atemstoßes hatte ein Lebenszeichen vom Qwertzui Opü angezeigt.

Und dennoch sollten sie sich immer wieder eingestehen, die Kette der Tätlichkeiten der Opüs bräche nicht ab. Es waren irgendwie Methoden der chinesischen Folter, denen sie ausgesetzt waren. Und dann gehörte dazu noch die Furcht, das eigene, erste Kind könnte Ziel und Opfer von übelsten Nachstellungen werden.

Was war bloß geblieben von den Frühlingsopfern? Von den Kaskaden an Versprechen, den Beteuerungen im Sprühregen und unter den Regenschirm-Verstecken? Es war nur ein vager Dunst geblieben. Die Feldzüge ihrer Liebe wurden in den Ängsten, in den Schützengräben des Alltags erstickt. Aber atmeten sie dennoch unter einer Staubschicht des Kanonenpulvers? War noch ein wirklicher Pulsschlag zu spüren? Oder hatte das Qwertzui Opü tatsächlich gewonnen?

14

Sie saßen auf der alten Couch der Großmutter. In zögernden Gesprächen tasteten sie sich durch die gestörte Gemeinsamkeit. Einen schwachen Widerstand formulierten sie, als sie an das Qwertzui Opü dachten. Und die kühnste Rede, die sie hielten, hieß:

Mancher Elefant hat seinen Wärter schon totgetreten.

Aber wie war gegen den unsichtbaren, methodischen Zufall anzukommen? Der nannte sich ja ganz vordergründig: Schaumloses Bier, Herpes an der Oberlippe, halbgares Kotelett und so weiter.

Zu diesem Zeitpunkt drängte sich die Katze, die sie fast vergessen hatten, zwischen sie, um sich endlich die fehlenden Schmuseeinheiten abzuholen. Das Katzenschwänzchen legte sich einmal auf den hohen Kindsbauch und ein anderes Mal auf die verkrampft gefalteten Hände.

Und als sie ihr sagten, dass es ihnen leid täte, sie so wenig beachtet zu haben, gab ihnen das Grautigerchen das Gefühl der Geborgenheit zurück. Es spielte mit seinen Krallen an der Couchlehne und zeigte Mirabell und Sebastian erneut, dass man sich eigentlich zu wehren hatte.

In einer langen Nacht erklärten sie dann zu dritt – oder eigentlich sogar zu viert – den Opüs und allen anderen Schraten den Krieg. Nach dem gregorianischen Kalender war es gerade noch Oktober, aber der November hatte längst mit seiner Undeutlichkeit und Unsichtbarkeit durch den weitverbreiteten Nebel des Niederrheins dazu beigetragen, dass es Zeit wurde, etwas zu tun, bevor die Nächte gänzlich ineinander flossen.

Bastian kam auf die Idee, sich aller Schlösser in der Wohnung anzunehmen, damit in der Dunkelheit nicht noch weitere Schrecken gezeugt und geboren werden konnten. Sie suchten und klebten mit Kätzchens Hilfe in mühevoller Kleinarbeit die Schlösser der Dokumentenmappe, des Kosmetikkoffers, der Türen, Schubladen, die Vorhängeschlösser und die Schmuckschatulle zu, bis nichts mehr blieb, in das eine dieser benannten oder unbenannten Mächte hätte kriechen können.

Danach stülpten sie noch eine große Einkaufstüte mit der Aufschrift Tutut über die Schreibmaschine und beorderten das Kätzchen zur Wache davor. Mit Schweißerhandschuhen und Kneifzange bewaffnet steckte Sebastian seine Hände nunmehr furchtlos in den Typenschacht der Höllenmaschine. Und Mirabell las ein äußerst schlecht gereimtes, sinnloses Gedicht Sebastians laut vor. In der Hoffnung wohl, das Qwertzui Opü wäre mit dem ganzen Schnickschnack zu übertölpeln.

Und wirklich! Das Qwertzui Opü tauchte auf, sprang aber mit lüsterner Grimasse und lautem Ziegenmeckern auf dem Küchentisch herum. Mirabell und Sebastian konnten es nicht packen, weil es übermütig behänd war. Aber niemand hatte mit der Katze gerechnet. Sie hatte die Familienverschwörung so ernst genommen, dass sie im rechten Moment nach alter Katzenmanier den Wildfang im Genick packte und ihn damit zur Bewegungslosigkeit brachte. Mit eiligen Griffen hatte Sebastian schnell eines der von Mirabell so begehrten Gurkengläser entleert und das Qwertzui Opü hineingequetscht, so dass es auf ein paar Senfkörnern und einem Lorbeerblatt zu sitzen kam. Und richtig sauer wurde!

So behütet wanderte es in das Buchregal als Buchteiler und Stütze zwischen Henrik Ibsen und Heinrich Heine, den wundervoll reimenden Freund aus dem benachbarten Düsseldorf.

15

Am 23. Dezember kam dann in aller gebotenen Ruhe, ohne Kaiserschnitt zwar, aber doch mit langen, langen Wehen die kleine Mirabelle-Bastienne zur Welt.

Der Weihnachtsbaum leuchtete noch nicht in ihre Äuglein. Aber das Qwertzui Opü saß im Glas und konnte weder Zimmerbrand noch den Bruch auch nur einer bunten Glasschmuckkugel verursachen. Und die Lichtlein leuchteten auch noch weit ins Neue Jahr. Im Frühjahr, so versprachen die Kerzen vertraulich, werdet ihr drei mit neuen Lebenszielen auf den Wangen über den Marktplatz flanieren. Vielleicht auch quer über die Pflasterschrift, die sich aus den Steinen

Basti et Belle

oder auch mal umgekehrt zusammensetzt.

Und das Qwertzui Opü? Oh, das sah man noch am letzten Freitag, als wir mit den Schöfflers bei Lambrusco und Bündner-Fleisch zusammenhockten. Während unserer ungestümen Feier hatte es im Gurkenglas fürchterlich gefeixt, vor allem beim Deklamieren der neuen Gelegenheitsgedichte Sebastians. Wir konnten seinem faltigen Gesicht das Urteil über diese neuen Reime direkt ablesen. Und hoppla!

Jedem Journal, jeder gehobenen Zeitung stände es als Chefkritiker gut zu Gesicht, das Qwertzui Opü. Mirabell und Sebastian waren jedoch ziemlich froh, dass es im Glas gefangen war und für die nächste Ewigkeit auch blieb. Und wir waren auch mächtig glücklich!

Scalaria

1

Blitze erhellten die Nacht. Sie drangen auch durch die Lüftungsschlitze der Jalousien in die Zimmer ein. Die Kinder schliefen noch, bis der erste Donner heranrollte und gemeinsam mit dem prasselnden Regenschauer die Ohren überflutete.

Je näher das Unwetter kam und je heller sich die Blitze gebärdeten, umso gespenstischer sah das kleine Schneckenhaus aus. Es lag oder stand auf dem höchsten Punkt der Vitrine, oben auf der alten Mokkamühle. Man hatte es am Strand aufgelesen als unbezahlbare Urlaubserinnerung und dann zu Haus zu den anderen Denkmälern vergangener Zeiten gelegt.

Das durch Wellenschlag in der Brandung aufgeschlagene Gehäuse zeigte im Blitzschein die Wendel geheimnisvoller Gänge, in denen das Schneckentier gelebt und gedacht hatte. Das Häuschen mit der Wendeltreppe begann sich in der Donnerflut zum Erstaunen der Familie, die gebannt dem fürchterlichen Wetter folgte, langsam zu drehen und abzuheben. Und als der Regen längst vorüber war, konnten die Kinder und die Eltern noch das Rauschen des Meeres hören, aus dem die Schnecke zu ihnen gekommen war. Doch sobald sie ganz still blieben, hörten sie auch ein leises Flüstern, das in der Tiefe des Schneckenlabyrinths seufzte.

2

Menschen, ihr Menschen, ihr habt uns vergessen! Ihr achtet die Tiere nicht mehr. Die Welt teilt ihr nur unter euch auf.«
»Halt! Halt!«, platzte mitten in das letzte Wetterleuchten Kuttel, der Älteste, in dessen Kinderausweis Kurt geschrieben stand. »Wir haben doch unsere Gans Elfriede!«

Die so Angesprochene meldete sich sofort mit heftigem Geschnatter von der Treibhaus-Veranda. Sie klopfte mit dem Schnabel und den Flügeln an die Schiebetür und packte sogleich, als man ihr die Tür aufschob, ihre allerliebste Puppe am Hals und trug sie stolz in die Familienrunde. Mit zeternder Gänserede sprach sie auf die Puppe und die überraschten Kinder ein.

»Ihr seid doch auch nicht besser als die anderen. Seht ihr, wie sich eure beste Freundin beschwert? Das ist doch nicht in Ordnung«, sprach das Schneckenlabyrinth.

Gleichzeitig rotierte es schwebend im Raum und zog eine Bannspirale um die aufgeschreckte Familie in ihren Nachtgewändern.

Cäcilie und Friederike, die Schwestern Kuttels, krochen mit Elfriede, der Gans, verängstigt ins Bett zurück. Nicht ohne die Puppe, ohne die Elfriede niemals einschlafen konnte, auch noch unter den Arm zu nehmen! Ach, was erzählen wir da! Die Eltern und Kuttel gingen ja ebenso verschreckt in ihre Zimmer, denn auch der ferne, nur langsam verebbende Donner tat immer noch ein Übriges, um diese Nacht zu einer unvergesslichen werden zu lassen. Das Unwetter hörte aber nicht auf. Es kam noch einmal zurück. Aber vor Übermüdung schliefen alle bald ein. Auch Lilo und Harry, die Eltern.

3

Die Gans durfte also zum ersten Mal im Zimmer der Mädchen kampieren. Und sie legte sich mit Genuss auf ihre Puppe, bevor der Kopf unterm Flügel verschwand.

Unbeirrt kam der trübe Morgen. Reichlich verstört fanden sich nach und nach die Familienmitglieder in der Wohnküche ein. Friederike, die Jüngste, hing der Mutter am Hals. Und mit zwei energischen Flügelschlägen flog Elfriede ihr Frühstück fordernd direkt auf den Küchentisch. Da fiel ein kleiner, grüner, runder Klecks von der Tischkante. So ein Mist! Aber damit waren auch die Schrecken der Nacht vertrieben.

Und Kuttel stöhnte: »Ich hatte einen komischen Traum. Soll ich den erzählen?«

Der Vater blickte auf und meinte: »Du, das war kein Traum. Wir waren heute Nacht alle Zeugen eines Helix-Zaubers. Ihr habt nicht geträumt, glaubt mir!«

»Mama, was ist ein Helix-Zauber?«, fragte die kleine Friederike quengelnd.

»Ich weiß es auch nicht. Frag' den Papa!«

Elfriede, die Gans, nahm ihm vorerst die Antwort ab, weil sie unaufhörlich mit einem geräuschvollen Zeter- und Mordio-Geschrei ihre Geheimnisse der Familie ins Ohr schnatterte.

Friederike wiederholte aber inständig: »Papa, was ist denn nun ein Helix-Zauber?«

4

Tja«, begann Harry, »das ist eine Geschichte, die bis in die Vorzeit der Erde zurückreicht. Ich weiß nur nicht, warum gerade wir da mit hineingezogen werden. Wie soll ich euch erklären, was das bedeutet? Es ist auf jeden Fall so, dass sich auf einer aufsteigenden Helixwendel, im Schneckenhaus also, alle Wandlungen des Lebens, aller Tiere und der Menschen abbilden. Keiner kann den Wenden und Windungen der Zeit ausweichen, wenn er in den Bann der Helix geraten ist.«

»Aber ich verstehe immer noch nichts!«, plärrte Friederike.

Kuttel antwortete sofort: »Lass man, Kleine, mir geht's nicht anders.«

Der Vater fuhr nachdenklich fort: »Sie, die Helix, ist nicht Kugel, ist nicht Kreis, keine Linie, nicht die Tangente und kein Quadrat. Die Helix nimmt viele in ihren Bann. Und heute Nacht haben wir nicht geträumt, überhaupt nicht, sondern sind mitten in ihren Bannstrahl gezogen worden. Sie ist auch nicht die Quadratur des Kreises. Sie, die Helix, ist aber das Maß, mit dem wir gemessen werden.«

Lilo hob die Hand und warf ein: »Was hat denn die Stimme heute Nacht gemeint?«

Cäcilie meldete sich nun auch: »Wir wären nicht gut zu den Tieren! Elfriede könnte das aber doch entkräften, nicht wahr?«

Nach längerem Schweigen fügte sich Lilo dann: »Dann müssen wir das eben beweisen!«

Das Palaver hatte schnell ein Ende, als ein kurzer Glockenschlag der Standuhr im Wohnzimmer an Schulbeginn und andere Pflichten an diesem Morgen gemahnte. Trotz fröhlichen Gedränges im Schulbus und erneuter, pessimistischer Weltnachrichten aus dem Autoradio während der allmorgendlichen und nachmittäglichen Staus ging keinem der Familie, wo er auch war, diese sonderbare Nacht aus dem Kopf. Kuttel schrieb sich in der Pause auf den Handrücken das magische Wort Helix, und der Vater kritzelte während der ersten Konferenz am frühen Morgen auf den Protokoll-Papierrand: Arche Noah! Warum ihm das plötzlich in den Sinn kam wusste er überhaupt nicht.

5

Auch durch stärkeres Rubbeln konnte Kuttel später das blaue Helix-Wort nicht mehr abschaben. Und so kam es, dass ihn schon in der großen Pause die Schulkameraden wegen einer großen, unbekannten Liebe hänselten. Er ließ es gelassen über sich ergehen, denn ums Verrecken hätte er nicht das Familiengeheimnis preisgegeben.

Als alle – also Harry, Lilo, Cäcilie, Kurt und Fritzi, wie Friederike auch gerufen wurde – kurz vor dem Abendbrot wieder gemeinsam zu Hause waren, hatte sich Lilo bereits eine Rede zurecht gelegt.

Sie begann damit, dass sie mit Elfriede versucht hätte, die Nachterlebnisse aufzuarbeiten. Die Gans hätte zwar sehr verständig zugehört. Sie wäre sowohl beim Staubsaugen als auch beim Wäschesortieren immer dabei gewesen, hätte aber nur zu unpassenden Gelegenheiten abfällig geschnattert. Welch unangenehme Erfahrungen sie teilen mit dem vermaledeiten Schneckenhaus, dem vom warmen Strand in – ja wo eigentlich? – aufgelesenen, gemacht hatte, wollte sie eigentlich nicht sagen.

Aber auf besonderes Drängen ihrer gespannten Zuhörer berichtete sie dann, dass sie sich ursprünglich entschlossen hatte, es in den Mülleimer zu werfen. Aber denkste! Es wäre einfach wie ein Gummiball wieder herausgesprungen und quer durch die Küche in den Wohnraum vor die Vitrine gerollt, wo es noch immer oben aufläge.

Sie folgten sogleich der Gans, die wieder gut zugehört hatte. Mit ausgebreiteten Flügeln ging sie vor der Familienkolonne her.

»Ist das Schneckenhaus denn nicht irgendwie größer geworden?« fragte als erste Friederike.

»Es sieht so aus. Unten am Sockel, wie ein Tor in einen anderen Raum«, beobachtete Kuttel, der sich neben Elfriede hingekniet hatte.

In diesem Moment meldete sich der Kuckuck in der Kuckucksuhr sechsmal. Und das Schneckenhaus begann, sich wieder zu drehen und zu rotieren, als ginge die Erdachse direkt durch es hindurch. Der Kuckucks-

Ruf war jedoch erst einmal das Signal fürs gemeinsame Abendbrot. Und während sich nun alle um den schnell gedeckten Wohnzimmertisch versammelten, druckste Cäcilie noch immer herum.

»Was passiert denn nun mit uns?«, fragte sie.

Harry machte die Augen zu und lehnte sich zurück: »Ich weiß das auch nicht so genau. Vielleicht müssen wir uns bewähren? Oder wir werden Prüfungen unterzogen. Oder so!«

»Woher weißt du denn, dass das ein Zauber ist und nicht bloß Unfug?«, unterbrach ihn Lilo.

Die Augen immer noch geschlossen fing Harry an zu erzählen, er hätte schon von etlichen Ereignissen und Geschichten über den Helix-Zauber gehört. An eine Begebenheit könne er sich aber besonders gut erinnern. Und die solle als Beispiel dessen gelten, was man zu erwarten hätte.

6

Ein junger, schöner Königssohn eines der sonnigen Länder um das Mittelmeer sei sehr verwöhnt gewesen, heißt es. Der König, sein Vater, habe ihm viel Willen gelassen, und das macht bekanntlich jeden übermütig! Eines Tages, als wieder einmal Flausen und Protzerei überhand nahmen, wähnte sich jener Königssohn, Prinz Trochon genannt, bereits so weit, den Vater auf seinem Thron abzulösen, die Geschicke des Reiches selber in die Hand zu nehmen und nicht nur ein bisschen, sondern den ganzen alten Krempel in Schloss und Land auszuräumen. Er wollte das aber auf besondere Weise tun, also möglichst mit Magie, damit im Volk nicht etwa der Eindruck eines Putsches aufkämen, sondern unauslöschbar die Vision göttlicher Fügung.

Die Befragung von Orakeln und Einsiedlern, die er bei seinen bizarren Eskapaden unternahm, führten ihn auch zu einer alten Priesterin, die in einem Drachenbaum hauste. Sie riet ihm, auf der kleinsten Insel des Meeres in den höchsten Turm der Welt zu steigen. Denn dort könne er – natürlich erst von der Turmspitze aus – sein ganzes, künftiges Reich bis in alle Richtungen des Windes ausmessen und damit erfahren, was es mit der Größe eines Königs und seines Reiches auf sich hätte. Der Turm würde seit alters her wegen seiner Form Scalaria genannt, und wenn man sich Zeit ließe,

Notprogramm

könnte man die markante Form der Schnecke Scalaria sehr gut erkennen.

Wie geraten schiffte er sich mit einem besegelten Boot ein und erreichte von guter Hand geleitet ohne Sturm und widrige Strömung jenes Eiland, das, wie man wusste, genau in der Mitte des Meeres lag. Auch die Brandung vor der Insel durchstieß das Boot schadlos mit letztem Wind. Der Kiel setzte auf steinigem Grund auf, so dass der Prinz fast trockenen Fußes auf das felsige Plateau, man dessen höchster Stelle ein gleißend weißer, spiraliger Turm stand, springen konnte.

Nicht der brennende Durst oder einfältiger Hunger und schon gar nicht Liebesdrang spornten ihn an, sondern nur der Wille zur Macht. Geröll, steiler Hang und der Schlagschatten der Klippe verstärkten den Wunsch des Prinzen. Und oben am Klippenrand begannen die weiten Stufen am Tor zum Eingang in den Scalariaturm, der tatsächlich wie die Helixwendel einer Schnecke aussah.

Der Prinz legte seinen eigensinnigen Kopf in den Nacken und versuchte, die Spitze der Scalaria zu entdecken. Aber sein Blick verlor sich in der unendlichen Höhe der Bläue, weil immer eine Windung mehr aufstieg, als er gerade sehen konnte. Er trat in den gewölbten Eingang und schritt den opalisierenden Gang voran. Windung um Windung trug ihn nach links. Und von oben drang das Himmelslicht über die Perlmuttwendel wie eine Kaskade in den Gang ein.

7

Die Aussicht auf die versprochene Macht trieb ihn stetig voran. Er musste sich dem engen Aufstieg anpassen und sich ducken. Mit steiler und enger werdendem Hohlweg krümmten sich Prinz Trochons Rücken und Beine. Seine Gestalt passte sich, ohne dass er es merkte, den Maßen der schmalen Röhre mit den kleinen, glatten Stufen an. Die Erwartung des bevorstehden Blicks über ein unermessliches Reich erfüllte den Prinzen so sehr, dass er nicht beachtete, wie ihn der Scalariaturm in seiner Helix veränderte.

Als der Prinz nun endlich in der höchsten Windung der Helix-Spirale angelangt war und jegliches Gefühl für Zeit und Distanz verloren hatte, trat er an den Ringspalt, der den Blick in die Welt freigab. Er ging in das Rund der Helixkuppel und stand im Licht des Himmels und der Erde mit ihrem unfassbar blauen Wasser. Aber der Schneckenturm hatte ihn in seine eigene Ordnung eingefügt. Er war geschrumpft und gebeugt, und so weit er blickte, so sehr er sich auch bemühte, er konnte weder die Richtungen des Windes ausmachen noch das Reich seines Vaters vollständig erfassen. Die Sonne stand zu diesem Zeitpunkt direkt über der Helixspitze, im Schneckenzenith, über einer riesigen Tafel von endlosem und blauem Wasser.

Trochon sah in der Ferne in allen Zonen nur einen schwachen Streifen seines versprochenen Landes. Unerreichbar, weil das Meer zwischen ihm und seinen Träumen lag. So hatte ihn der Helix-Zauber erfahren lassen, wie sich ein König fühlt und wie einsam die Macht den Menschen zurücklässt. Macht fordert wohl immer Opfer, und die Einsicht wurde mit der Erfahrung von Einsamkeit belohnt.«

8

Hier hielt Harry inne, da er das Gefühl hatte, dass das doch kein so gut geratenes Lehrstück für seine Familie war. Er fügte also in freier Interpretation hinzu: »Unsere Einsicht muss sein, dass wir alle gemeinsam und auch jeder für sich Tiere zum Partner machen, sie nicht unterwerfen und für nichtige Dinge ausbeuten. Sonst müssen auch wir die Macht des Helix-Zaubers erfahren und damit untergehen.«

»Aber wir haben doch das Ende der Geschichte von Trochon noch gar nicht erfahren. Nicht wahr, Papa?«

»Ach, das ist jetzt nicht so wichtig«, meinte Harry verlegen, denn er wollte seine Kenntnisse über jene Ereignisse auf der Insel nicht preisgeben.

»Ich erzähle euch das später«, schloss er.

Lilo hatte sich als erste gefasst und gab Fritzi einen liebevollen Klaps. Sie meinte, keiner brauchte sich zu ängstigen, weil die Tiere ein großes Herz hätten und doch nicht sofort ihre Familie vor das Jüngste Gericht zerren würden. Die Kinder sollten sich unbesorgt zur Nachtruhe begeben. Morgen würde man schon einen Weg finden.

Elfriede hatte während der Prinzenerzählung Harry unverwandt, fast verliebt betrachtet. Sie nickte schließlich beiläufig und legte, als der Familienvater, schwieg, den Kopf in seinen Schoß und ließ sich den Kropf kraulen. Ohne Eifersucht bestimmte Ehefrau Lilo, das Friedchen – wie die Gans auch gerufen wurde – wieder in der Veranda kampieren müsse, damit die alltägliche Ordnung endlich zu ihrem Recht käme.

Auf der Gartenseite des Hauses mit dem Rosenhag, dem Spalierobst, den Quitten und krummen Lavendelsträuchern lag das Schlafzimmerfenster der Eltern. Lilo öffnete den weiten Flügel, um die Frühlingswärme dieses Abends noch in das kühle Schlafgemach zu lassen. In den engen Spalten der Fensterrahmen und Fensterläden hockte wie jedes Jahr dichtgedrängt eine kleine Heerschar Marienkäfer. Zum Überwintern! Kopf an Kopf für den Frühling ausgeschlafen! Rund. Zinnoberrot. Siebenpunkte.

Und sie spürten nun die wärmenden Sonnenstrahlen auf ihren Kugelrücken und begannen, sich mit ihren zarten, kurzen Fühlern nach alter Käfermanier Guten Abend zu sagen. Lilo drehte sich um, da sie glaubte, es hätte sie jemand vom Garten her angesprochen. Auch die anderen Siebenpunkte, die besonders dicht gedrängt hockten, antworteten mit einen vielstimmigen Guten Abend!

9

Verlegen oder sehr überrascht war Lilo nicht. Dennoch fragte sie die kleine Gesellschaft nach ihren Absichten, weil sie die Fenster eigentlich bald wieder schließen wollte. Aber die Käfer hatten schon eine kleine Paradeaufstellung verabredet und fingen an, die Flügel für den ersten Abflug zu putzen. Sie hielten aber inne, um der Familienmutter zu sagen, dass sie sich schon im vorigen Jahr bemüht hätten, die Menschensprache richtig zu erlernen. Es ginge jetzt recht leidlich, ein Akzent wäre jedoch nicht zu vermeiden. Man könnte aber schon gemeinsam und gut vorbereitet ein paar zusammenhängende Sätze sagen.

Anlässlich der heftigen Gewitter in den letzten Tagen wären sie aufgewacht und hätten gerade noch erfahren, wie die Helix vom Sonnenstrand den Aufstand geprobt hätte. Sie hätten sich ganz bestimmt auch zu Wort gemeldet, wenn denn die Fenster offen gewesen wären. So aber wäre ihre Bewegungsfreiheit erheblich eingeschränkt gewesen. Und Elfriede, die Gans, hätte immer noch nicht die Stimmgabel gefunden, um auch deutlich und vernehmlich zu sprechen.

Das alles sagte der größte, beinahe karminrote Siebenpunkt, den die anderen den Mexicano nannten. Die anderen roten Zwerge hatten währenddessen ihre Flugvorbereitungen fortgesetzt und waren startbereit.

»Wir helfen euch«, riefen alle im Chor, »aber dem Zauber müsst ihr euch erst einmal ergeben. Er wird euch verändern. Aber wir sind und bleiben eure Freunde.«

10

Mit diesen Worten flogen die roten Kerlchen in einer rechtsdrehenden Spirale aus dem Fenster über die Quittenbäumchen ohne Blätter in den glutroten Abendsonnenball. Sie wurden eins mit ihm. Oder? Nein, der Stärkste, der karminrote Siebenpunkt, kam noch einmal zurück und flüsterte Lilo ins Ohr, sie wäre sehr schön, und dass auch dies zum Zauber des Morgen gehöre.

In aller Herrgottsfrühe – was für Kuttel ganz unüblich war – geisterte der Junge schon im Haus herum. Er konnte nicht mehr schlafen, seit die Hähne der Nachbarschaft ihren Harem geweckt hatten. Ihm war durch den Kopf geschossen, dass er sich vor allen anderen Familienmitgliedern die Freundschaft der Tiere – wo auch immer sie seine Kreise berührten – sichern sollte. Dann könnte ihm überhaupt nichts passieren! Elfriede sollte er aber vielleicht aus dem Wege gehen, denn die war mit dem Vater bereits ein Bündnis eingegangen. So stürzte er sich bedenkenlos auf sein Sparschwein, hob es hoch über seinen Kopf und drehte sich dabei wie die Helixschnecke.

Dabei rief er: »Ich werde dich nicht schlachten, denn du gibst mir das Geld doch freiwillig. Gell?«

Schon kullerten die Groschen und Markstücke auf den Boden. Aber bevor sich Kurt danach bücken konnte, fiel sein Blick aufs fahlgelbe Schneckengehäuse auf der Vitrine im Wohnzimmer.

Geh und kauf für das Geld ein paar Tiere in der Zoohandlung und gib ihnen die Freiheit«, befahl die Schnecke. »Und vergiss nicht, dass wir Mollusken Weltgeschichte geschrieben haben. Zeugen unserer Vergangenheit findest du überall.«

Das stak mit Widerhaken tief in Kuttels Kopf. Der hektische Trubel des frühen Morgens hatte ihn aber bald eingeholt. Die Schlacht um die Zahnpasta und anschließend um die Frühstückseier und den Honig nahmen dann auch seine ganze Aufmerksamkeit in Anspruch, jedenfalls: bevor er die Tierhandlung erreichte, hatte er im Teleshop stattdessen eine Computermaus gekauft.

11

Lilo blieb es beim alltäglichen Saubermachen nicht verborgen, dass sich einige Gegenstände und Utensilien im Haus anders als sonst verhielten. Das nicht nur betraf das schon am frühen Morgen durch den Sohn gequälte Sparschwein, sondern auch die Porzellanfisch-Puddingform und nochmals die Kuckucksuhr. Die schwarzen und weißen Springer auf dem Schachbrett strahlten sogar von innen heraus, und der Fuchsschwanz am Werkzeugschrank summte plötzlich. Erst als sie die Badeente in der Toilette berühren wollte, wurde ihr das Mirakel so richtig bewusst.

Schon sprach auch der Seifenfrosch in seiner breiten, vulgären Tonart: »Da staunst du wohl! Wir solidarisierän uns mit dän andärän Gäschöpfän. Wir habän mit Rägie där Märässchnäckä bäschlossän, eurä Sprachä schnällstäns zu lärnän und sie auch andärän missachtätän Partnärn beizubringän. Dänn ihr Mänschän seid ja nicht willäns, unsärä Sprachä zu lärnän, gäschweigä dänn värstähän zu wollän!«

Hopsa! Und gleich darauf sprang dieser Frosch in die Badewanne und die Badeente flog sofort hinterher.

Die Hausarbeit und die Pflege des Gartens verdrängten nur oberflächlich die im Kopf herumspukenden Gedanken. Erst als Harry früher als erwartet von einem Kundenbesuch nach Hause kam, war Lilo endlich abgelenkt. Man hatte eine lange Supermarkt-Quittung rückseitig schon seit langem mit allen Stichworten über notwendige Arbeiten in Haus, Hof und Garten bekritzelt, um nichts auszulassen. Arbeiten, die durchaus gerechtfertigt waren! Heute war so ein Tag, an dem unprogrammgemäß einige Punkte abgearbeitet werden konnten: Die Gartenschlauch-Verschraubung, abgesunkene Steinplatten, Laub aus der Dachrinne. Und o ja, der Flugplatz für die Schwalben.

Ja, der Flugplatz der Schwalben! Dicht unter der Dachrinne an der Hausfront klebte das Schwalbennest. Die Terrazzostufen des Eingangs trugen immer die Spuren eifriger Aufzuchtbemühungen des Schwalbenpärchens der letzten Jahre. Eine richtige Landebahn musste her, um den Guanoberg oben zu sammeln und nicht auf den Stufen. Und dafür war Harry mit Holz und Säge in seinem Element.

12

Als er jedoch den Spiralbohrer und die Schrauben in der Hand hielt, spürte er sofort, wie der Helix-Zauber auch bis hierhin zu wirken begann. Der Landeplatz unter dem Schwalbennest, das fast wie ein überdimensioniertes Schneckenhaus aussah, war bald fertig. Harry hängte ihn an zwei Haken in luftiger Höhe auf, und gerade als er die Leiter hinabsteigen wollte, kamen schimpfend die beiden Schwalben, um ihn zu vertreiben. Sie hatten es offensichtlich sehr eilig, die neue Brut anzusetzen und unterzubringen.

»Gemach, gemach! Ihr Künstler«, rief er ihnen zu, »ich will euch ja gar nicht stören. Ihr wisst ja nicht, was uns da gestern zur Mitternacht an Strafarbeit auferlegt wurde.«

»O ja! Wir wissen wohl«, schilpten die Gabelschwänze. »Was meinst du, warum wir dieses Jahr so früh zurückgekehrt sind? Es ist wieder so ein Jahr, in dem wir nach vielen Generationen wieder einmal die Chance bekommen.«

Die beiden Rauchschwalben hatten sich rechts und links auf Harrys Schultern festgekrallt.

Harry pfiff vernehmlich durch die Zähne: »Eine Chance? Wollt ihr endlich Miete und für die Müllabfuhr zahlen?«, fragte er scherzhaft.

»O nein! Wir sind nicht eure Untermieter!«, gaben die beiden im Chor zurück.

Der Schwalbenmann warf sich in die gerötete Brust und fuhr fort: »Seitdem wir endlich die Sprache der Menschen erlernt haben – und das war mühsam genug – können wir auch einmal über die Menschen zu Gericht sitzen. Unser Fürst, der Löwe Leo McLion, hält, wie ihr bestimmt wisst, in regelmäßigen Abständen für die Kameraden und Genossen Tiere seinen weisen Rat. Aber keiner hat es bisher gewagt, den Menschen den Prozess zu machen. Da gab es immer Sprachschwierigkeiten!«

13

Harry wurde es in seiner gekrümmten Haltung auf der Leiter unbequem, und er bat deshalb die beiden Afrikareisenden in die Veranda. So platzierten sie sich wenig später mit der völlig verblüfften Lilo an den geblümten Kaffeetisch. Auf dem Messer- und Löffelbeinchen sitzend erzählte der Schwalberich weiter: »Der Helix-Zauber, wenn er denn durch besondere Umstände wirksam wird, gibt uns diesmal die Chance.«

Harry hob die Hand und fragte stotternd: »Was hat denn der Helix-Zauber damit zu tun?«

»Och, das ist schnell erklärt: Die Schnecken kamen zu den Sitzungen des Königs McLion immer zu spät. Entweder waren sie unterwegs eingeschlafen oder ihnen wurde das Haus zu schwer oder der Mensch hatte ihnen aus Eifersucht Leid angetan, weil sich der Mensch ein besserer Hausbauer zu sein dünkte. Da hat ihnen unser König halt vor vielen, vielen Jahren ein Sonderrecht, den Helix-Zauber, eingeräumt. Und nun ist es so weit. Dieses Jahr ist wieder ein solches Jahr, in dem alle Macht bei den Tieren unter der Anführerschaft der Schnecken liegt.«

Eine Weile vergnügten sich die Schwalben noch an diesem Nachmittag mit Fliegen- und Mückenfang in und um die Veranda. Die Familie sortierte in dieser Zeit ihre Gedanken und merkte deshalb nicht, dass sich im Steingarten vor der Veranda Eidechsen, Kröten, Hummeln, Frösche, Haussperlinge, die Schwalben und Tagpfauenaugen bereits zu einer ersten konstituierenden Sitzung für die Gerichtsversammlung trafen.

Harry hatte inzwischen beschlossen, eine Flasche Wein, den roten aus dem Hérault, aufzumachen, um Entspannung und Mut zugleich zu tanken. Bevor er jedoch den Korkenzieher ansetzte, zitterte seine Hand allein schon unter der Strahlenwirkung, die immer noch von der Strandschnecke auf der Vitrine ausging. Die Schnecke drehte sich ganz langsam um die Helixachse umgeben von einer Lichtspirale.

Schließlich blieb dieses sanfte Zauberlicht auf dem großen Schieferstein im Steingarten hängen, nachdem es durch die Fensterscheiben mit den vielen Glasbläserarbeiten davor auf dem Fensterbrett gebrochen und gemildert worden war.

In diesem Licht trat der Salamander in die Runde der Versammlung und richtete sich hoch auf: »Lassen wir jeden einzeln kommen!«

14

Das Tagpfauenauge flog auf, durch die Veranda und setzte sich auf die Stirn der kleinen Friederike. Sie folgte dem Schmetterling schlafwandlerisch in den Garten. Und alle Familienmitglieder gingen hinterher.

»Also!«, rief der Frosch. »Gerichtet muss werden! Beginnen wir mit der Beweisaufnahme. Also Friederike, was hast du für deine beste Freundin Elfriede getan?«

Friederike zitterte und schluchzte und brachte kein Wort heraus. Aber Elfriede drängelte sich schon nach vorn und breitete die Flügel aus, als wollte sie das Kind beschützen. Sie machte sich so groß wie ein Schwan.

Die Kröten husteten verlegen und sagten dann leise: »Leute, so geht's doch auch nicht! Ihr sucht euch die Schwächste für eure Rache aus. Aber Rache ist nichts für uns, nachdem wir in grauer Vorzeit jeglichem Besitz abgeschworen haben.«

»Na gut!«, rief der inzwischen dazugekommene Graureiher. »Vertagen wir uns auf morgen. Denn dann ist Sonnabend, wie die Menschen sagen. Aber der Zeit haben wir Tiere seinerzeit doch auch abgeschworen? Also lassen wir den Menschen die Zeit.«

»Papperlapapp! Egal ob Sonnabend, Frühlingsanfang oder was Menschen sonst noch einfällt, um abzulenken! Wir sollten nicht locker lassen.«

Die Prachteidechse dozierte: »Wie wäre es denn, wenn jeder von ihnen noch eine Aufgabe bekäme? Meiner Meinung nach müsste Elfriede mindestens das Sprechen beigebracht werden, damit sie uns besser berichten kann.«

Eine Weile krächzte auch der Graureiher herum, ehe sich alle schließlich einig wurden, die Gerichtssitzung zu vertagen.

»Auf morgen!«, war der letzte Gruß, bevor die Gesellschaft wie ein Spuk verschwand.

15

Du gibst den Kindern nicht noch mal vom Wein. Mir dreht sich auch der Kopf. Wie soll's den Dreien erst gehen?«, stöhnte die besorgte Lilo.

Vater Harry hatte sich als erster schnell gefasst. Er raffte seine Familie samt Elfriede zusammen und bugsierte sie durch die Veranda in die Wohnstube. Nachdem er Türen und Jalousien geschlossen hatte und die Arbeitshandschuhe übergezogen waren, nahm er das immer noch rotierende und strahlende Schneckengehäuse von der Vitrine und versuchte, es mit dem Hammer zu zerschlagen. Nicht nur, dass er es beim ersten Schlag verfehlte, beim zweiten sprang das Wendellabyrinth auch noch unter Blitz und Donner im Wohnzimmer herum, als wäre der Fernseher implodiert.

Völlig verstört verkrochen sich alle Familienmitglieder in ihren angestammten Betten, ohne sich Erdnüssen, Chips und dem freitagsüblichen Krimi zu ergeben. Es war noch nicht zehn Uhr, als die Mädchen mit Elfriede und ihrer heißgeliebten Puppe zu den Eltern ins Ehebett kletterten. Und um Mitternacht war die elterliche Schlafstube so überfüllt wie in den letzten zehn Jahren nicht mehr.

Morgens waren alle sechs wie gerädert. Maulfaul und missmutig. Am Sonnabend-Morgen, an dem man sonst alle möglichen Abenteuer und Späße fürs Wochenende ausheckte! Heute das glatte Gegenteil. Man war ohne Antrieb, und Elfriede, die Gans, konnte immer noch nicht sprechen. Unerwartet, zwischen Kakao und frischen Brötchen, zischten die Schwalben über den Frühstückstisch und setzten sich wieder aufs Messerbeinchen.

Sie sagten im Chor: »Heute ist der Helix-Sabbat, ein Teil der Walpurgisnacht. Ihr müsst eure Tauglichkeit unter allen Umständen beweisen. Die paar oberflächlichen Wohltaten an Elfriede oder uns Schwalben oder den Marienkäfern genügen nicht. Wir sehen uns in dieser Nacht. Macht eure Sache gut, sonst steht es schlecht um euch!« – Schwupp, waren sie weg.

16

Mit wirklich betretenen Gesichtern starrten sie sich an. Fritzi war dem Weinen sehr nahe. Cäcilie und Kurt zogen, obwohl sie sich als Ältere etwas gefasster gaben, einen Flunsch.

Nicht Harry, sondern Lilo sprach ein Machtwort: »Nehmen wir doch die Drohung endlich ernst.«

Lilo hatte aber auch noch fürs Mittagessen und den Sonntagskuchen zu sorgen. Sie hatte deshalb eigentlich keine Zeit, ihre Freundschaft mit Tieren unter Beweis zu stellen. Sie dachte dabei übrigens eindringlich an ihren kleinen Freund, den karminroten Siebenpunkt. War sie denn zu ihm und zu seiner Mannschaft böse gewesen? Derweil holte sie das Gemüse, den Reis, die Gewürze und die letzten Vorjahresäpfel für den Kuchen zusammen. Nachdem sie mit dem Gemüseputzen fertig war, schälte und schnitt sie die Äpfel zurecht. Schon beim ersten rotbackigen Apfel schnitt sie völlig unabsichtlich eine unübersehbare Spirale. Und die fiel nicht vom Messer, sondern drehte sich und schwebte durch die Küche ins Wohnzimmer davon.

Und aus dem Apfel kroch ein hellgelber Wurm mit zwei schwarzen Augen.

Er wisperte: »Dankbar bin ich, dass du mich in meiner Unterkunft nicht in meine Einzelteile zerlegt hast.« Er ließ sich an einem Faden wie ein Jojo auf den Terrazzo-Küchenboden hinabgleiten. Langsam, im Spannerschritt, nahm er Reißaus in den Garten.

Harry hatte Kuttel und sich eine gehörige Portion Strafarbeit im Garten auferlegt. Der Vater hatte nämlich beschlossen, beim Hacken und Jäten nicht mehr den Maulwurfshügeln und den Wühlmauslöchern mit Gewalt und Petroleum oder gar Gift entgegenzuwirken. Die alten, angeknacksten Tontöpfe wollten die beiden auch mit Stroh füllen und überall aufhängen, um den Ohrwürmern eine besondere Heimstatt anzulegen. Als sich Harry hinkniete, achtete er zum erstem Mal in seiner Hobbygärtner-Laufbahn auf die kleine Karawane von Ameisen. Behutsam, fast tänzerisch sprang er wieder auf und machte einen großen Schritt über diese Ameisenstraße.

17

Kurt, dem diese ganze Geheimniskrämerei wie Tischerücken oder Patiencelegen vorkam, hielt während seiner ihm zugedachten Gartenarbeit nur nach brauchbarem Holz für Pfeile, Speere und einen Bogen Ausschau. Aber als er in einem unbeobachteten Moment das Taschenmesser zückte, um vom Jasminstrauch Pfeilschäfte abzuschneiden, fuhr ihm der Korkenzieher des Taschenmessers in den Zeigefinger. Er musste schnell sein eigenes Blut ablecken, um jetzt nicht noch dem Vater Rede und Antwort stehen zu müssen.

Die zierliche Kohlmeise hatte das alles sehr betrübt vom Haselstrauch aus beobachtet. In ihrer Trauer ließ sie aus Mitleid oder Barmherzigkeit zwei deftige Klecker auf Kuttels Michigan-State-Blouson fallen.

»Herrgott und Helix«, dachte sie, »wer wird denn in dieser Familie nun endlich und klug!«

Die beiden Mädchen, denen die Angst aus allen Poren kroch, hatten sich mit Elfriede in der Dachkammer verschanzt. Sie hatten auch ihre Spielzeugtruppe, den Teddy, die langbezopften Puppen und den Clownkreisel, und allen diesen Freunden leise erklärt, wie sie Elfriede das Sprechen beizubringen dachten, wie viel Mühe es auch kosten würde. Außer Maiskörnern waren auch Rosinen als Wegzehrung mitgenommen worden. Und ein paar Kekse und Zwiebäcke. Die waren auch als Belohnung für erfolgreiche Versuche gedacht. Und dass das trotz aller Leckerbissen ein sehr langer Weg würde, darüber waren sich die Kinder einig.

Cäcilie begann mit den Worten, die sie in der Schule gerade zu schreiben gelernt hatte: Anna, Auto, Amsel und so weiter. Sie wiederholte sie wie einen Kanon. Die kleine Friederike ließ es mit einer monotonen Litanei von ›Mama, Papa, Harry, Lilo, Mama, Papa‹ bewenden.

Und Elfriede? Sie hatte die Puppe, die speckige, gegen den Teddy eingetauscht und bettelte ganz unverschämt um Kekse und Mais. Schnatternd, quietschend, fiepend wurde aus allen Sprechversuchen nur ein Alibi, um von den Nahrungsmittel-Vorräten zu naschen. So ging das bis zum Abend!

Und als man die Drei vermisste und endlich in der Dachkammer fand, hatten sich die Mädchen mit der Lieblingsgans auf der alten Chaiselongue zusammengerollt und waren eingeschlafen. Die Puppen- und Plüschtiergesellschaft diente teilweise als Kopfkissen. Harry und Lilo ließen die Schläfer aber oben in der Kammer. Sie öffneten nur die Kippfenster, um frische Abendluft hereinzulassen.

18

Im Schatten der erschrockenen Ruhe, die nun ins Helix-Haus eingekehrt war, hatten sich jeweils paarweise, gut gekleidet und herausgeputzt, die Eidechsen, die Salamander, die Kröten, die Spitzmäuse und viele andere mehr zur Gerichtssitzung auf der Schieferplatte im Steingarten eingefunden. Als letztes kam das Weinbergschneckenpaar und blies kräftig die Hörner, um das Gequassel der anderen Ratsmitglieder zu stoppen. Sie teilten allen mit, die Sitzung am Helixsabbat-Abend würde in Kürze eröffnet.

Das geschehe, hieß es, sobald sich die Schöffen eingefunden hätten. Verteidiger, Anwälte und Stenografen würden ebenfalls erwartet. Und sogleich durchzog ein Rauschen wie von einem Meteoritenschwarm den Himmel und im wilden Galopp stürzte eine wilde Heerschar durch die offenen Kippfenster im Dach in den Hausflur, alle Stufen hinab und von dort durch die Veranda in den Garten.

Und nun sah sich die bestürzte Familie nicht nur dem Rat der erzürnten Tiere, sondern auch bizarren Menschtieren und Tiermenschen und Halbgeschöpfen und Chimären wie den Zentauren, Griffin, Pegaso, Jovis, den Harpyen, Satyren und Sirenen und dem Nöck ausgesetzt. Der Himmel hatte sich auch noch verdunkelt und in die Augen der zu Gericht Sitzenden die tiefste Schwärze dringen lassen, die sich denken ließ.

»Gibt es denn einen Musterprozess, einen Präzedenzfall, auf den wir uns beziehen können?« fragte das Tagpfauenauge, und es fügte hinzu: »Ich bin das Ganze eigentlich leid und möchte die Prozedur aufs Nötigste abkürzen.«

»Ja, ja, wir kännän dich!«, quakte der Laubfrosch. »Du willst vor däm Schlafängähän nur noch mal ausgiebig von dän Chrysanthämän naschän.«

»Die blühen doch noch nicht«, sagte das Tagpfauenauge bockig, »wir sollten uns doch jetzt nicht streiten, sondern konzentrieren.«

Mit feinsinnigem Gesichtsausdruck piepste der Spitzmäuserich: »Wir müssen uns an die Gerichtsordnung halten. Ich persönlich möchte mich nicht eines Formfehlers schuldig machen.«

»Alles Quatsch! Die Menschen sind schuldig. Was soll das lange Vorspiel? Wer von ihnen hat etwas gegen die Tierversuche der Kosmetiker unternommen? Braucht ihr Cremes gegen Krähenfüße? Ich kann auf meine nicht verzichten. Bis hierher wäre ich ohne sie nicht gekommen«, sprach der Schwarzrock Kräh.

»Ihr habt doch bestimmt vom Abschlachten der Riesen gehört. Nicht? Dann darf ich euch an die letzte Großversammlung bei König McLion unter der Thingakazie erinnern, als die Elefanten ihr Mandat niederlegten, um den Walen zu helfen. Leider haben die Elefanten das Schwimmen nicht so gut gelernt, dass sie ihren Freunden im Ozean hätten zu Hilfe kommen können! Und die Wale konnten nicht in den Urwäldern aufrecht gehen, um die Elefantenjäger zu vertreiben.«

»Also fassen wir uns kurz! Stierkampf, Nashornjagd, Lachswettfischen und was sich die Menschen zu ihrem Vergnügen auf unsere Kosten noch ausdenken: Das ist strengstens zu bestrafen!«

»Ich bin so müde«, stöhnte das Tagpfauenauge erneut. »Mir fallen die Augen zu!«

»Jetzt seid doch bitte diszipliniert«, tönte der Präsident Salamander, der durch manches Feuer gegangen war. »Die Vollstrecker kommen bald, und wir haben noch keinen der Betroffenen befragt. Fangen wir mit den Unzertrennlichen, Cäcilie und Friederike und Elfriede, an.«

»Wer hat die Gerichtsglocke?«, fragte der Nöck.

Alle sahen sich betreten an. Der Pfingstochse hatte sie glatt zuhause gelassen. Dann meldete sich der Zentaur und meinte, er könnte stattdessen doch die Posaune blasen. Einen Fanfarenstoß würde er durchaus zu imitieren wagen. Also geschah's! Elfriede trat mit weit vorgestrecktem Kopf vor, flankiert von den beiden Mädchen.

»Habt ihr nun eurer Freundin das Sprechen beigebracht?«, hallte es durch den Garten.

Erstaunlicherweise begannen nun alle drei Vorgeladenen mehrstimmig, aber gleichtönend in der allbekannten Gänsesprache zu schnattern. Die gemeinsamen Exerzitien in der Dachkammer hatten offenbar das glatte Gegenteil der Sprachanpassung bewirkt. Mit Mühe erwiderte der Präsident im Gänsedialekt, was er sich dabei spontan dachte. Verdammt, verdammt, verdammt!

Dann sagte er aber für alle verständlich: »So war es nicht gemeint! Da haben wohl die Capitolinischen Gänse mitgeholfen.«

Und wie auf Kommando breitete Elfriede, die Gans, ihre Flügel aus und nahm die Mädchen vollständig unter ihren Schutz. Die Gerichtsdiener – die Alben und Satyren – wurden aufgefordert einzuschreiten, mussten aber vor der hocherregt geifernden Gans zurückweichen.

Der Nöck winkte ab: »Lasst uns die anderen hören! Vielleicht gibt es da Erfreulicheres zu erfahren.«

»Führt den Vater vor!«

»Was«, schmetterte der Kröterich, »hast du für uns getan?«

Harry rief selbstbewusst: »Geht vors Haus und seht euch den Flugplatz der Schwalben an. Oder prüft den Komposthaufen als Schlafplatz für die Igel.«

Kopfschüttelnd winkte der Graureiher ab und ließ sein Gefieder noch trauriger als üblich hängen: »Es ist doch unnütz, was wir hier in Erfahrung bringen.«

»Nein, nein! Mich gelüstet nach Revanche. Oder zumindest nach einem Denkzettel. Heute! Und nicht erst in Jahren! Wann gibt es denn wieder die Chance des Helix-Zaubers zur Walpurgisnacht? Jeder, aber auch jeder muss mit dem Maßstab der Helix-Wendel bekanntgemacht und vermessen werden, damit er seinen Wert erkennt.«

»Kröte!«, rief Lilo schrill, denn sie hatte wohl von allen Familienmitgliedern noch den klarsten Kopf. »Wir haben euch nichts getan. Ihr habt kein Recht, über uns zu richten. Wir haben niemandem wehgetan. Jagen wir Elefanten und fangen wir Rotkehlchen? Was wollt ihr bloß?«

19

Erneut dröhnten die Sphärenhöhen, die die Menschen Himmel nennen. Und ehe man sich's versah, drängten sich mit synkopierendem Hufschlag das Einhorn und mit heftigem Wellenschlag ein Triton mitten unter die Gerichtsversammlung. Die beiden Halbgeschöpfe trugen keine Roben wie die anderen, sondern die bizarren Gewänder der Walpurgianer.

Der Triton blies sein gewaltiges Horn und skandierte: »Wenn es noch Fragen geben sollte, neben verständlichem Unmut und der Ungeduld auf der einen Seite, meine Freunde, und Unverständnis und fehlender Einsicht auf der anderen Seite, ihr Menschenbrut, dann sei euch allen hiermit gesagt, woran es euch mangelt: an Liebe!«

»Und weil das mangelt – überall und jederzeit – ist heute Nacht die richtige Nacht, um den Hexensabbat zu zelebrieren«, wieherte das Einhorn.

»Auf! Auf! Ihr Heere der Helixen, Medusen, Sirenen und Satyren! Stürmt herbei!«, dröhnte das Tritonhorn steil in den Himmel.

Und in einem überdimensionalen Wirbel stürzte der Himmel herab. Harry wurde an seinen verschränkten Armen vom Sog des Spiralnebels angehoben und mit dem ersten, wilden Gefolge hinweggerissen. Kuttel, den keiner bisher befragt hatte – vielleicht weil man ihn überhaupt nicht ernst nehmen konnte – blickte dem Vater konsterniert nach. Aber er hatte auch gar keine Zeit, sich zu äußern oder sich gar zu wehren, da ihn Jovis, der Wandelbare, und der Nöck wie Schergen packten. Sie drückten ihm ihre saugnapfartigen Mäuler an die Schläfen, und sofort wuchsen auf jeder Kopfseite Kuttels Widderhörner, so groß wie Schneckenhäuser von der Malabarküste. Im Galoppsprung trieben ihn die Harpyen und Nereiden hinter der geschwänzten Heerschar hinterher.

20

Jetzt blieben nur noch die verängstigten Weibchen der Familie zurück, denen auch nicht mehr das heftige Flügelschlagen der Gans Elfriede helfen mochte. Die Unken und die Spitzmäuse hielten sie fest, bis die Abordnung der Siebenpunkte und der Rüsselkäferchen als Gesandte der Elefanten den Frauen und Mädchen die Zöpfe und Pferdeschwänze hochhielten. Schnell hatten die kleinen Tritonen Tätowierungschablonen herausgeholt und sie den Damen auf Wangen und Schläfen und Brust gepresst.

In Windeseile strichelte das Einhorn mit seinem spitzen, gezwirbelten Stirnschmuck den Dreien die Helix-Spirale ins Gesicht und auf den Körper, wo sie die natürlichen Formen damit kräftig herausarbeiteten.

Immer mehr Gefolge versammelte sich um diese Sträflinge der Helix. Häher, Drosseln, Iltisse und der blinde Maulwurf, dem der Greif freundlich unter die Arme griff, um ihn zu führen, kamen in den Garten. Die Nacht funkelte vom Firmament mit abertausend Mailichtern. Sie spiegelten sich, nein, sie glommen in gleicher, vollkommener Stärke in den Augen der hier zusammengerotteten Walpurgianer. Mit den Trompetenstößen der Zentauren begannen sie wie die wilde Jagd aufzusteigen und hinter den anderen, die dem hohen Horizont schon sehr nahe gekommen waren, herzustürmen. Lilo und ihre Mädchen wurden wie Polynesierinnen tätowiert in den Himmel gezogen.

Zurück blieb Elfriede. Man hatte ihr auf ihre breiten Füße getreten. Und Schwungfedern waren im Getümmel auch ausgerissen worden. Und die Puppe, die speckige, war mit der Sepiatinte der Tätowierung vollgespritzt. In ihrer Not tippelte die Gans ins Haus zurück und eilte durch alle Räume. Wer ihr jetzt zuhörte, konnte so leise Worte wie: *›Ach Herrje!‹* und *›Mama‹* und *›Fritzi‹* vernehmen. Sie fand ihre Lieben nicht mehr. Und sie war mit ihrer Liebe allein. Schließlich stand sie mit weitausgebreiteten, weißgrauen Flügeln in der Veranda. Wehklagen erfüllten das ganze Haus.

Die wilden Heerscharen der Halbgeschöpfe, die verwandelten Familie, die gesamte Helix-Bande und die von Zikaden und Schnaken begleiteten Angehörigen des obersten Gerichtshofs der Tiere tobten auf dem hellen Schweif des galaktischen Spiralnebels.

Elfriede jedoch fiel in ihrer Einsamkeit in der Veranda sichtlich in sich zusammen.

21

Ich habe alles von meinem Aussichtspunkt hier oben gut beobachten können«, rief der Weberknecht plötzlich, so dass Elfriede zu allem Unglück auch noch zutiefst erschrak.

»Was wird ihnen denn jetzt geschehen?«

»Ich weiß es auch nicht. Kuttels Freundschaft zur Computermaus kann man wirklich nicht als Tierliebe bezeichnen. Aber Lilo und ihre Mädchen, das muss ich schon sagen, haben dir doch mehr gegeben, als du, meine Liebe, verdient hast. Nicht wahr?«

»Meinst du? Hast du mich denn auch ständig beobachtet?«

»Warum hast du denn die Sprechproben geschmissen? Dich dumm gestellt? Du hättest doch wenigstens den Mädchen helfen können. Was haben sie denn mit dem Robbenschlachten oder mit Legebatterien zu tun?«

Der Weberknecht zitterte unablässig weiter. Er behielt dabei aus Gewohnheit das ganze Zimmer im Auge und sah also, wie sich die Strandschnecke wieder zu drehen begann. Es war wahrscheinlich gerade die merkwürdige Stunde, die die Alten ›*conjunctio*‹ nannten. Die Stunde geheimnisvoller Verbindungen und Verflechtungen. Denn der sonst so offene Himmel mit den dahinstürmenden Brigaden legendärer Geschöpfe und Metamorphen erfüllte sich mit Blitzen und Donnergewalt. Dem zitternden Achtbein wurde klar, dass in dieser möglichen Stunde der Rache der Familie wirklich Gefahr drohte. Der Familie half es nämlich nicht, die Siebenpunkte, Compu-Mäuse, Rauchschwalben, Sparschweine, die Kuckucke und Apfelwürmer als Auserwählte behandelt zu haben. Damit war die Schuld der Menschen an den Tieren nicht getilgt. Keinesfalls!

»Das Paradies, das Paradies, wo war es denn?«, zitterte der Knecht. »Auch Äsops und Goethes und Lafontaines Bemühungen, den Tieren in gleichnishaften Fabeln zu ihrem wohlverdienten Recht zu verhelfen, waren wohl oder übel völlig vergeblich.«

Ein wenig wehmütig stammelte der Zitternde noch, weil er von der Familie nie behelligt worden war: »In dieser Nacht werden sie, wenn sich keiner für sie einsetzt, wie alle anderen in Tierschemen oder wie man das so nennt verwandelt. Friedchen, tu doch was!«

Elfriede drehte sich abrupt um und faltete die Flügel zusammen. Sie hatte sich eigentlich darauf eingestellt, hinter der krakeelenden Gerichtsversammlung herzufliegen, um vielleicht noch was zu retten. Jetzt zitterte sie wie der einsame Insektenjäger. Jeder war des Anderen Jäger. Und Elfriede zitterte deshalb sehr.

22

Das Lichtgewitter und der purgatorische Lärm erschütterten den Walpurgisplatz. Alle waren dort eingetroffen, alle, die den Garten verlassen hatten. Und weitere Heerscharen der Geister strömten ins Elysium, wie die Helix-Schnecken den Platz nannten. Harrys Arme und Beine und seinen Hals hatten die Windungen des Spiralnebels bereits vielfach verdreht, aber nur so viel, dass sie ihn nicht erwürgten.

Er hatte die Orientierung völlig verloren und konnte nicht mehr erkennen, wie Kuttels Kopf unter dem Gewicht der Widderhornspiralen immer tiefer zur elysischen Erde sank. Und die Tattoospiralen auf den nur noch in Fetzen gekleideten Mädchen und seiner Frau nahmen Fülle und Formen

des Nordlichts an. Die Massen der Rächenden, der Gerächten, der Richter und der Geächteten wogten in das weite Feld des Elysiums. Es war die Nacht der Walpurgianer!

Die Zentauren ritten voran. Die Tritonen schlugen die Peitschen. Die Scalariaschnecken glitten am Ende der Schlange der Walpurgianer dahin. In diesem Moment stürzte Elfriede, die Gans, auf die Vitrine zu und schluckte die Strandschnecke in ihren Kropf. Wie ein dickes Bonbon in Kuttels Mund sah man jetzt das Schneckenhaus in Elfriedes Hals. Und die Mahlsteine im Kropf empfingen das Gehäuse und umschlossen es wie einst am Meeresstrand mit feinen Kieseln, Felssplittern und Sand.

23

Das Gras auf dem Plateau am Habichtshain, wo das Walpurgistreffen für gewöhnlich stattfand, richtete sich in diesem Augenblick zart wiegend im Wind der Morgendämmerung auf, nachdem der ganze Spuk urplötzlich verschwunden war. Eng zusammengekauert saßen Harry und Lilo mit verstörter Kinderschar im Windschatten einer Ginsterhecke.

Die Tautropfen auf den langen, überwinterten Grashalmen hingen unberührt trotz der nächtlichen Eskapaden der Galaxis und Walpurgianer und Scalarier. Sonderbar! Wohin sie gezogen sein mochten? Ans Meer? In die Wüste?

Die vorwitzige Maisonne dieses Morgens kitzelte schnell mit wohltuender Wärme im Gesicht, sobald sie sich voll über die Hügelkette gerollt hatte. Die Kinder kuschelten sich an die Mutter. Von weit her hörte man eine Art Mariachi-Musik, und mitten in der langen Reihe der ausgewanderten Siebenpunktkäfer flog auch der karminrote Mexicano, der die ungewöhnliche Musik als Morgengruß angestimmt hatte.

Er setzte sich wie schon einmal ohne Furcht auf den ausgestreckten Zeigefinger von Lilo und wisperte: »Wir fliegen wieder nach Haus und sagen Elfriede Bescheid, wo ihr seid.«

Die roten Kerlchen flogen wie ein etwas dunklerer Streifen des Morgenrots davon. Das versprach doch ein schöner Tag zu werden. Nicht wahr? Mit zischenden Schwingen kam Elfriede bald herangeflogen und krächzte jubelnd ihre ganze Zuneigung schon in großer Höhe heraus.

Sie landete, ohne einen Tautropfen von den Halmen abzuschlagen, unter den Ihren und sagte: »Guten Morgen, ich habe das schreckliche Schneckenhaus schon verdaut.«

Alle streichelten Elfriede, bis sie sich schüttelte und akzentfrei fragte: »Harry, wie war denn nun das Ende der Geschichte des Prinzen im Scalariaturm?«

Harry kniff die Augen zusammen, als müsste er sich besonders konzentrieren, lächelte dann aber doch gelassen und fabulierte freiweg.

24

Als Prinz Trochon den endlos langen Weg durch die Wendel des Scalariaturms nach unten gegangen war, hatten sich sein Kopf und der Körper nicht wieder zurückgebildet. Er bemerkte das aber erst, als er an den Strand kam, wo sein Segelboot vertäut lag. In der Windstille sah die Bucht wie ein Spiegel aus, so dass er sich im Wasser betrachten konnte. Außer seiner Kleinheit hatten sich noch sein Hals und Leib mit den Windungen des Schneckenhauses so verdreht, dass er von nun an wirklich untauglich fürs Schwimmen, Segeln und natürlich fürs Regieren war.

»Er ist«, sagte Harry, »auf der Scalaria-Insel geblieben und sitzt noch heute im obersten Stockwerk des Schneckenturms und durchmisst sein Reich wenigstens mit den Augen. Von Sonnenaufgang bis Sonnenuntergang. Und deshalb sollte man sich hüten, irgendein Schneckenhaus am Strand achtlos aufzuheben. Es könnte dort ein verwunschener Prinz ...«

»Aber wir haben inständig gehofft, dass er eine Prinzessin getroffen hätte, und dass sie mit so lieben Kindern wie wir gesegnet würden und Gänse und Marienkäfer und Schwalben ihre wahren Freunde nennen könnten!«, maulten Cäcilie und Friederike.

Kuttel fiel seinen Schwestern ins Wort: »Ihr mit euren rührseligen Märchen! Da ist mir meine Compu-Maus doch viel lieber.«

Harry, der Vater, zwinkerte allen zu und scherzte: »Habt ihr denn schon mal in diese Maus geguckt, wer der Maschinist ist? Oder in die Kuckucksuhr? Vielleicht ist dort auch ein Prinz eingeschlossen, der zuviel wissen und zu hoch hinaus wollte?«

Die Kinder sahen ihn sehr verwundert an. Sie waren inzwischen alle von ihren feuchten Graspolstern aufgestanden und bahnten sich den Weg übers Plateau durchs hohe Gras.

Da hielt oben am Habichtshain der Bäckereiwagen aus dem Nachbardorf. Sie winkten ihm zu, weil sie einen enormen Frühstückshunger hatten, und kauften gleich zwei Tüten mit Rosinen- und Mohnschnecken. Was für ein Frühstück an diesem wunderschönen Morgen!

Warum das Wasser im Flussbett bleibt?

1

Im Prinzip glaubt mir meine Frau alles. Sie verlässt sich auf meine Expertise, wenn ich ihr beispielsweise voll eigener Überzeugung das 14 Jahre alte Bügeleisen repariert wieder zur Verfügung stelle. Oder wenn ich das Flusensieb der Waschmaschine gesäubert – wohlgemerkt mit Taschenmesser und Schraubendreher – frisch eingesetzt habe.

Es macht ihr auch nichts aus, wenn ich ihr mit beredt ausgestrecktem Zeigefinger den Polarstern eine Faust breit über dem Großen Bären bei sternklarer Nacht zeige und verzückt ausrufe: »Da!«

Aber es gibt doch ein paar Ecken des Vertrauens, des absoluten Vertrauens, die mir, ihrem bemühten, belesenen Mann, nicht gehören. Welche?

Dazu gehören die Umrechnung von Fahrenheit und Unze in mitteleuropäische ISO-Maße, wenn wir mal die aus Kanada oder den USA mitgebrachten Rezepte nachkochen wollen. Auch der vermeintlichen Ungiftigkeit von europäischen Kröten, die sich in den Kellereingang verirren, deren Ungiftigkeit also, von der ich immer wieder mit dem nackten Handtest den Beweis anzutreten wagte, schenkt meine Frau keinen Glauben. Sie ist von tiefen Zweifeln zerwühlt. Aber ein besonderes Naturgeheimnis, das für mich eigentlich gar keines ist, bewegt die Gute unentwegt. Falls wir mal über die Severinsbrücke in Köln fahren oder den Neckar zu Fuß über die Alte Brücke in Heidelberg queren. Oder nur mal so über die Erft spazierten!

»Warum das Wasser nur im Flussbett bleibt?«

Warum?

2

Im Dunstkreis der Kraftwerksschar am Niederrhein wohnen wir nun schon seit etlichen Jahren, nach anderen Episoden an Spree und Rhein und Sieg und auch sonst wo, wo die Wasseradern Bayous oder Creeks oder auch Whadi genannt werden. Und immer wieder tauchte bei unseren Spaziergängen diese quälende Frage auf. Warum das Wasser ...

»Maus«, holte ich bei meinen Antworten immer öfter tief Luft, »das Gefälle lässt dem Wasser keine andere Wahl. Bis zum Ufer und nicht weiter, und sonst immer strack geradeaus fließen!«

Das war eine mögliche, im Grunde aber nicht sehr überzeugende Erläuterung. Im Stillen quälte ich mich jedoch von einer stereotyp wiederholten Frage zur nächsten. Warum das Wasser ...? Es mussten immer neue, scheinbar triftigere Erklärungen herhalten, um die ungläubige Frau ins Vertrauen zu ziehen.

»Na, schau mal, unterm Wasser im Flussbett liegt eine Lehmschicht. Die ist undurchlässig. Deshalb!« Oder: »Auf der ganzen Welt ist das so, im Nil, im Amazonas, im Mississippi.«

Eines Tages wurde dann in einem Bericht des Regionalfernsehens bei einer romantischen Kamerareise durch Oberschwaben auch die Geburt der Donau aus Breg und Briggach in malerischer Landschaft beschrieben und – wie ich es mir niemals, auch nicht in kühnsten Träumen, hätte ausdenken wollen – die Versickerung eben dieser Donau bei Geisingen erwähnt.

»Siehste, Lothar, deine Theorien sind widerlegt! Eben nicht alle Flüsse tun das, was du willst!«

»Ich hab' die Welt auch nicht gemacht«, antwortete ich trotzig.

»Du musst dich eben doch nicht immer hervortun und auch noch Recht behalten! Deine Erklärungsversuche sind jedenfalls gescheitert. Das solltest du endlich zugeben.«

3

Es kam, wie es kommen musste, gemäß Gottes und Petrus' gutem Ratschlag. Im Februar schneite es allenthalben bis auf 400 Meter herunter. In den Alpen lagen anschließend in den Schattenlagen zwei Meter vierzig Neuschnee. Großer Gott, welch ein Paradies bei blauem Himmel und tiefgekühltem Sonnenschein! Und irgendwie währte das zur Freude aller Wintertüchtigen gut vier Wochen.

Aber dann zog der Frühling von den Azoren über Madeira die Pyrenäen herauf und hinunter und stolperte auch in die Alpen. Schnee im Schwarzwald, Taunus, Hunsrück und im Rothaargebirge war etwas später von dem warmen, atlantischen Zugvogelflügel berührt und schmolz vor

Sehnsucht nach zartem Grün und Krokussen und Märzenbechern dahin.

Und wer jetzt nicht weiß, was dann passierte, hat nie dem Rhein ins Wasser gefasst. Das Hochwasser kam im Sturmschritt des Osterfestes. Und wem kommt dann nicht auch noch Faustens Selbstgespräch anlässlich seines Osterspaziergangs mit den Worten des Weisen von Weimar in den Sinn!

Vom Eise befreit sind Strom und Bäche
Durch des Frühlings holden belebenden Blick,
Im Tale grünet Hoffnungsglück;
Der lange Winter, in seiner Schwäche,
Zog sich in rauhe Berge zurück.

In Köln stand das bewusste Wasser hoch überm Eichstrich, jedenfalls zu hoch für die Jogger auf der Uferpromenade und hoch genug, um die Mühlengasse, Halbmond-, Lint- und Salzgasse nach venezianischer Art prächtig zu fluten. Und ich hatte zusehends ein neues Argument, wenn auch eines, das nur von Leid und Schrecken begleitet wurde.

»Jetzt haben wir den klassischen Fall des schlagenden Beweises. Guck mal!«, zeigte ich von der Südbrücke in Neuss auf den Rhein. »Das Wasser kann ja nicht nach unten weg. Im Gegenteil: Es tritt über die Ufer, auf die Uferwiesen. Es muss!«

Die Maus, die bürgerlich Simone Sterzing hieß, bevor ich sie heiratete – oder sie mich bekam ganz kleine Augen: »Du bist widerlich. Wenn dir irgendwann mal wegen deiner ewigen Besserwisserei das Wasser bis zum Hals steht, dann wirst du froh sein, wenn das Wasser nicht im ...«

Aber sie hatte ja recht. Die klassischen Geologiebücher erklärten dieses Phänomen wirklich so, wie ich es – sagen wir's mal populär – auch hätte herüberbringen können. In mir keimten stattdessen und ohnehin so ganz gemeine Fragen, wie es eigentlich zu Quellen kam und was das Grundwasser auch noch damit zu tun hatte. Die Urstromtäler, aus denen beispielsweise das Berliner Trink- und Klowasser geschöpft – oh, wie schön! – wird: Was ist mit denen? Wo kamen die her? Die sollen so tief wie die Hölle sein, und von dort holt man so ein Großstadtwasser herauf? Prost!

Ehe ich in geheimen Bibliotheksstudien den tiefverschlossenen Naturwundern auf den Grund gehen konnte, überrollte mich noch eine außergewöhnliche Erkenntnis. Nicht Quelle, nicht Urstromtal, sondern urplötzlich! Urgewalt.

4

Wir hatten uns nämlich entschlossen, nicht mehr die Flussufer abzuwandern oder Bäche zu queren, sondern in die übrige Natur unserer Umgebung, in Wälder, Felder, Äcker, Wiesen zu pilgern. Was kümmerte es uns da noch, wie es das Wasser anstellte, im Flussbett zu bleiben.

Und plötzlich standen wir am Ende eines solchen Ackers direkt am Rande eines Lochs. An einem richtigen Loch! Draußen, vor der Stadt, zwischen Hoeheneiche und Stolzenberg und vielleicht bis zum Weyerhof. Dort hatten sich schon seit geraumer Zeit, irgendwie von uns unbemerkt, aber sehr effektiv die großen grauen Stahlmonster namens Kohlengolem oder Maulschaufler und Eisenschippe genüsslich über die Erde hergemacht. Mit Urgewalt! Aus diesen Löchern, die sie in ihrer unersättlichen Gefräßigkeit der Erde beibrachten, förderten sie etwas zu Tage, was wir nicht erwartet hatten. Natürlich die Kohle, aus der Licht und Energie gemacht wurden. Das war klar.

Aber ich spürte die Hand meiner Frau am Ellenbogen.

»Mann«, entrüstete sie sich, »da fließt ja doch das Wasser weg!«

Und auch mir blieb es nicht verborgen, dass aus allen Schichten, die bei der Lochung freigelegt und sichtbar wurden und offen lagen, das Wasser floss. Wasser, das offenbar kein Bett hatte. So etwa musste es auch tief unten in den Urstromtälern, einhergehen, kam mir plötzlich in den Sinn.

Wir konnten um die Ecke hinter dem trigonometrischen Pfosten auch beobachten, wie dieses Wasser ständig abgepumpt wurde, vermutlich mit Hilfe des gerade der Erde entrissenen Stromes, abgepumpt in die Zuflüsse des Rheins, dem es ja ohnehin im Augenblick nicht an Wasser mangelte. Und wenn uns nicht alles täuschte, waren die Anlagen so kräftig gebaut, dass dies von nun an bis in alle Ewigkeit so laufen konnte. Wie wahrscheinlich auch im Urstromtal! Urgewalt!

5

So sah es jedenfalls beim letzten Spaziergang am Rande eines der Löcher aus. Meine Frau registrierte diese Ereignisse stumm. Und ich enthielt mich auch bis auf weiteres eines Kommentars und nahm mir vor, nicht mehr in diese Richtung zu wandern.

Von der beschworenen Ewigkeit schien aber bald einiges abzubröckeln. Denn in pikfeinen, nein, pikintellektuellen Journalen aus dem größeren Umkreis zeichnete sich anderes ab. Bald hieß es in dem einen Blatt, in Rio de Janeiro hätten alle potenten Staatsmänner, dick und lang bestätigt, dem durch die Verbrennung fossiler Brennstoffe ansteigenden CO_2-Gehalt der Troposphäre müsse ein Ende gesetzt werden«. In einem Autokurier sprach jemand von der Agonie der Verbrennungsmotoren. Und so weiter!

Und in einer anderen Sprache, die man sich gelegentlich zu erlernen hätte zwingen sollen, um mitreden zu können oder um wenigstens die eigene, schlicht ungläubige Frau von der unbändigen Kraft des Wassers zu überzeugen, wurde von der Ohnmacht der Menschen gegen die sich verselbständigende Technik geredet. Halt mal! Wie hängen Wasser und Kohlendioxid zusammen? In einem aberwitzigen Teufelskreis, hörte man gelegentlich.

Der *circulus vitiosus*, der Teufelskreis, blies zuweilen wunderschöne Kühlturmwolken in den Himmel, erwärmte denselben und auch noch das Kühlwasser, das aus der Erft gesogen wurde, heizte der Luft ein, verdunkelte die Sonne, umträllerte den Mond, der daraus eine Springflut zauberte und, und, und ...

Peng!

6

Dieses springende Wasser kam blitzschnell über den Deich und legte sich dem aus dem Loch abgepumpten Grubenwasser in den Weg, so dass das warme Kühlwasser, das dem Rheinstrom ebenso wie das abgesaugte Grubenwasser hinzufügt wurde, sich nicht mehr von den übrigen Wässern aus Klo und Autowäsche unterscheiden konnte. Und alles gemeinsam – umarmt und untergehakt – floss erwärmt und ungezügelt ins Meer, nach Norden und nach Süden, und taute allmählich die steilen, weißen Ränder der arktischen und antarktischen Eise auf.

Jeden Tag ein Stück. Jede Woche sieben Stücke. Jeden Monat, wenn nicht gerade ein extrem harter Winter wie im vergangenen Februar stattfand, dreißig oder einunddreißig Stücke. Und so etwas hatte sich da draußen vor der Stadt unbemerkt, aber sehr effektiv angebahnt. Und hatte nichts mit männlicher Logik zu tun! Nichts mit schlichter Kausalität, sondern nur mit der stetigen Erwärmung der Erdatmosphäre durch die Verbrech ...

Aber auf mich hört ja keiner! Nicht einmal meine mir Angetraute!

7

Lothar Langmuth«, sagte ich mitleidig selber zu mir vorm Spiegel, »du musst also wieder mal eingreifen.«

»Was, mein Lieber«, antwortete mir mein Bruder innerlich, »müsstest du alles unternehmen, um dagegen anzustinken?«

»Pah! Nichts einfacher als das!«

»So, du Großmaul! Kannst doch nicht einmal deiner verständigen, einfühlsamen Frau klar machen, warum, wieso, weshalb das Wasser im Flussbett bleibt! Und dennoch willst du Fatzke ganz allein das Abschmelzen der Polkappen verhindern? Sag bloß!«

»Und ob!«

»Na dann erzähl' mal!«

»Gut! Als erstes müssen die Kraftwerke abgestellt werden. Den Ausschalter, die Hauptsicherung werde ich schon finden. Dann dreh' ich die Haupthähne der Pipelines zu den Raffinerien zu, und du wirst sehen, in weniger als einer Woche stehen alle Busse, alle Autos, alle Räder still. Kein CO_2 mehr!«

»Und die Bahnen?«

»Wieso? Fahren die denn noch mit Kohle?«

»Na ja, nur hinterm Ural!«

»Ach Quatsch, das hat doch nix mit dem Polareis zu tun! Überleg' doch! Wenn die Autos nichts mehr zu fressen haben, gleichgültig ob Margarine oder Butter, dann laufen auch die Ölheizungen nicht mehr. Und die Klimaanlagen, all der technische Quark vom Kühlschrank bis zur Rotkohlschnitzelmaschine stehen ja schon still, seitdem ich die Kraftwerke eigenhändig abgestellt habe. Wir sind inzwischen zur Handarbeit zurükkgekehrt.«

»Prima!«, jauchzte der innerliche Zwilling. »Merke: Dann funktioniert auch das 14 Jahre alte Bügeleisen nicht, und das Flusensieb in der Waschmaschine hast du umsonst sauber gepolkt. Maschinelles Wäschewaschen gehört nunmehr der Geschichte an!«

Ich kriegte den Mund nicht mehr zu: »Simone wird das aber gar nicht gefallen, bei Gott! Der arme Haussegen!«

»Siehste!« antwortete ich mir selber.

8

Wie nun auch der bisher Uneinsichtigste zugeben wird, war die Sache an sich, die Sache mit dem Wasserüberfluss nicht mehr aufzuhalten. Nicht nur die Frage nach dem Verbleib des Wassers im Flussbett, sondern auch die nach dem endgültigen und unwiederbringlichen Abbrechen des letzten Eisbergs bei Thule, um dann unaufhaltsam nach Süden zu schwimmen, war irgendwie beantwortet. Und allmählich aufzutauen und den Wasserspiegel überall und allenthalben und ganz besonders vor der Rheinstrommündung anzuheben, um die Wassermixtur aus Schmelzwasser, Grubenwasser, Klowasser, Kühlwasser, Erftwasser und so weiter gebührend zu stauen, war offenbar entschiedene Sache. So baute sich ganz allmählich – von mir und anderen mit blankem Entsetzen beobachtet – ein richtiges Schreckensszenarium auf.

»Du machst es dir aber einfach, Lothar!«, rügte mich Herrmann, ein alter, guter Freund, der sich seit dem Studium mit Limnologie befasst hatte.

Denn Limnologie, das muss man wissen, ist die Wissenschaft von den süßen Gewässern, auch den süßen Wässern Europas. Rhein, Maas, Nette und so!

»Wieso?«, fragte ich wieder naiv.

»Der Wasserkreislauf und der Treibhauseffekt sind auf andere Weise miteinander verknüpft, als du es dir da zurecht gelegt hast. Aber gut. Am Ende bleibt das Ergebnis dasselbe!«

»Wie bitte, Herrmann? Welches Ergebnis?«

»Dass die flachen Länder mit dem Abschmelzen der Polkappen letztlich völlig überflutet werden.«

Wir waren bei unserem Gespräch durch die Auenlandschaft und über die Rübenäcker bis zur Windmühle spaziert und blickten über die weite, flache, aber dennoch recht gewellte Ebene des Niederrheins. Felder, Wälder und Wiesen zwischen Erft und Niers! Flaches Land in Reinkultur.

»Du meinst also, du Prophet, dass wir uns alle in absehbarer Zeit hier oben mit den Familien, mit dem Bürgermeister, den zahlreichen Beigeordneten, dem alten Bäcker, deiner Nachbarin und so manchem anderen treffen werden?«

»Wenn du so willst!«

9

Ich wollte natürlich nicht! Ziemlich betrübt und niedergeschlagen tippelte ich allein nach Hause, wo mich meine Frau schon erwartete. Wasser war in unserer Hütte immer das allgemeine und vorrangige Thema, ungeachtet, was eigentlich sonst so passierte. Heute war die Entsteinung unseres Warmwasserbereiters dran. Eine eklig graue Kalkschicht hatte den Wirkungsgrad dieser Kücheneinrichtung eingeschränkt, so dass mir die Aufgabe zukam, ihr mit Essig und pulverisierter Zitronensäure auf den Pelz, sprich: auf den Belag zu rücken. Mit sauberer Heizspirale ließ sich bestimmt wieder etwas Energie sparen.

Nachdem sich die sauren Schwaden aus der Küche einigermaßen verzogen hatten und aller wärmeübergangsbehindernder Stein spurlos verschwunden war, hatten sich die im Badezimmer installierten silbernen Ventile des Waschbeckens entschlossen, keinen Tropfen Wasser mehr zu halten. Obwohl ich den Haupthahn bereits vorm Säuern des Kochers zugedreht hatte. Abgesehen davon, dass der Säuresud auch an den Dichtungen des Wasserkochers geknabbert hatte.

Und meine Frau bekam tellergroße Augen: »Versteh' ich nicht! Warum aber bleibt dann das Wasser im Flussbett?«

10

Diese Frage und die Frage nach dem plötzlichen Anstieg aller Wässer waren immer noch nicht ausreichend, geschweige denn befriedigend beantwortet. Während ich noch mit meinen bekannt unzureichenden Mitteln nach den theoretischen Antworten suchte, überholte mich die Realität. Das neue Loch, die große Grube bei Sandweiler – 310 Meter tief und davon 230 Meter unterm Meeresspiegel – wurde als mächtigste, fossile Energiequelle offengelegt, ein Loch, das man wahrscheinlich vom Mond aus mit bloßem Auge sehen konnte.

Etwas weiter weg wurde Rotterdam wegen des in zwei Monaten bevorstehenden Herbstes und Winters von zwanzig Prozent mehr Rohöltankern angelaufen als je zuvor. Ein ausgedehnter Waldbrand in Schweden – und das ist sogar recht weit weg – verdunkelte entsprechend der üblich vorherrschenden Windrichtung Stockholm, Turku und Helsinki und auch das östliche Karelien. Die Lufttemperaturen stiegen trotz dieser Dunkelheit. Und mit dem herbstlichen Modellwechsel der agilsten Autohersteller Europas und der U.S.A. wurden zwar die Flottenverbrauchsziffern um einen beträchtlichen Anteil gesenkt. Durch drastische Preissenkungen, um die Vollbeschäftigung in den Fabriken zu gewährleisten, und durch einen unerwarteten Exportboom konnten sich mindestens acht Millionen Fahrzeugfreaks zusätzlich – wohlgemerkt zusätzlich! – einen Benzinfresser leisten. Die Rückversicherungen für Umwelt- inklusive Wasserschäden erhöhten zur gleichen Zeit urplötzlich ihre Prämien. Eintritts- und Vertragsklauseln erhoben sich zu fast unüberwindbaren Hürden.

Und was noch? Das waren nur die wesentlichsten Zitate der führenden Zeitungen in den letzten sieben Monaten. Mehr Flugzeuge, mehr Schiffe, mehr Bahnen! Mehr Fortschritt! Block 18 des neuen Kraftwerks Düngerath sollte vorzeitig und außerplanmäßig in Betrieb genommen werden, um auch die neuen, noch stärkeren Pumpen in der Grube bei Sandweiler betreiben zu können.

Aber irgendwie, ohne dass ich auch nur eine Hand an irgendeinen Hauptschalter gelegt hatte, machte der Block plötzlich Zicken. Die Herren Ingenieure kriegten ihn nicht ans Laufen. Das Grubenwasser stieg dagegen unaufhaltsam. Bald musste die Förderung der Braunkohle eingestellt wer-

den. Erst in der Grube Sandweiler, dann – weil gewisse Erdschichten ziemlich durchlässig waren – flossen auch in andere Förderstellen beträchtliche Wassermengen, die bald versoffen. Pardon!

Eines schönen Tages schwappte schließlich auch die erste Flutwelle aus dem hohen, enteisten Norden in Sussex, Essex und Wessex bis an die Haustüren, auch von Downing Street No. 10. Obwohl ich mich der Eindrücke während der Überfahrt nach England, von Oostende nach Dover, gut erinnerte, dass die da drüben eine Steilküste hatten. Aus Kreide! Also aus Kreide würde ich kein Flussbett bauen, wenn ich Gott wäre, dachte ich da noch so bei mir.

Und zur gleichen Zeit schütteten ein Tief mit kraftvollem männlichem Vornamen und ein Hoch mit zartem weiblichem Wort, die sich halt über England küssten, unzählige Eimer bis an den Südrand der Alpen aus. All dieses Wasser, das sich dann auch von unten auf seinem Weg durch die Straße von Gibraltar und von oben durch den Ärmelkanal zu einem breiten Strom vereinigte, ergoss sich in alle Mündungen der in die Nordsee fließenden Flüsse. Aber wer kennt noch ihre Namen?

Heute, nachdem wir wissen, dass die Mündungen von Mühlenau, Eider, Reildiep, Ems, Elbe, Jade, Weser, Oste, Stör, Vidaa und Ribe Aa, Stör Aa, vom Limfjord, Lek und Waal, – noch einmal kräftig durchatmen – von der Bergsen Maas, Schelde, Aa und Thames, Humber Tees, Tyne, Forth und Tay noch nicht einmal mehr vom Hubschrauber aus zu erkennen waren, sind Erklärungen nicht mehr wohlfeil. Das Loch in Sandweiler war ja auch längst übergelaufen. Ein Flüsschen, das die Reporter anfangs sehr geistreich als idyllische Grubenau bezeichneten, quoll zwischen Wickrath und Wickrather Berg zur Schwalm, um bald, nach zehn Tagen schon, als flächendeckendes, hellbraunes Gewässer, in dem die gerollten Strohballen für die Champignonzucht mitgespült wurden, die Maas gänzlich zum See zu verwandeln.

An dem wenig später so treffend getauften Schauermittwoch meldeten endlich objektive und vereidigte Sachverständige, dass etwa 3500 Keller in Rheydt und Odenkirchen, Korschenbroich, Büttgen und Kaarst, in Holzheim und auch in Teilen von Grevenbroich etwa einen Klafter tief mit Grundwasser angefüllt waren. Stetig saugten sich Ziegel- und Betonwände dieser Souterrains schwammvoll. Bis der Salpeterpilz auszublühen begann.

Wer konnte diesen Schwamm denn noch ausquetschen, um alles wieder trocken zu legen?

Der kleine, krumm gehende Nachbar Curt Spötter, der sonst nur mit dem Klingelbeutel durch die Kirchenbankreihen nach dem Gottesdienst kroch, hielt in seiner Scheune eine Lesung der Sintflutberichte gemäß dem ersten Buch Moses', Kapitel 7 ab. Und die, die entweder aus Neugier oder wegen besonderer Gläubigkeit dabei waren, wollten sich anfangs nicht festlegen, ob bereits während der letzten Sätze des Verses 11:

»... das ist der Tag, da aufbrachen alle Brunnen der großen Tiefe,
und taten sich auf die Fenster des Himmels ...«

zusätzlich der große Regen zu den sattsam bekannten überfüllten Wasserströmen übers flache Land klatschte.

11

Wie wir, meine Frau und ich, das schon mal in Texas erlebt hatten, bei einem jener monströsen Golf-Hurrikane, als sich einige Brücken anhoben und davon schwammen, wollten wir noch niemandem erzählen. Die dortigen Konstrukteure hatten beim Brückenbau die Pontonform gewählt, weil sie sich so bequem vom Tieflader über die Creeks und Bayous des flachen Landes legen ließen. Wir schwiegen darüber, obwohl es abzusehen war, wie sich heimische Flussübergänge mit dem schnell ansteigenden Hochwasser gleichermaßen dank der unter ihnen hängenbleibenden Luftblase wie Schiffchen abheben würden. Das Wasser würde sie geschwind davontragen!

Aber das Wasser blieb ja doch im Flussbett, wie wir beide eigentlich wussten. Es war nur noch eine kleine Frage, wie man es anderen begreiflich machen sollte. Die Brücken über Erft und Triet und Niers und Nette spielten tatsächlich bald Borkenschiffchen. Wo gab es denn nach sieben Tagen Sturzregen noch Ufer?

Ein anderer Nachbar stellte, weil er auch etwas vom Treibhauseffekt gehört hatte, das Rauchen ein. Die Rundfunk- und Fernsehappelle und Aufrufe per Flugblatt zur Ruhe und Besonnenheit klangen inzwischen richtig albern, wenn man sie denn überhaupt noch empfangen konnte. Weil die Kraftwerke in ihrem Betrieb stark reduziert wurden, und im übrigen, wenn man allein nur die niederrheinische Region betrachtete und Gebiete wie Amsterdam, Hamburg, Berlin und Hannover jetzt mal außer Acht ließ, waren unzählbare Stromanschlüsse in den versunkenen Kellern bereits mausetot. Bei Bismarcklicht und Kerosinlaternen saßen die Leute, solange der Vorrat reichte.

12

Ein uns bislang unbekannter Reporter, Perry Norden – bestimmt ein Künstlername –, hatte sich, wie sich später im Detail abzeichnete, in einem Amphibienfahrzeug des Technischen Hilfswerks THW aufgemacht, um das Ausmaß des Dammbruchs – wie man anfangs glaubte – genauer zu untersuchen. Er soll das Gebiet zwischen Krefeld und Oberkassel, einem Stadtteil Düsseldorfs, ausgewählt haben, um darüber als Augenzeuge zu berichten. Und er gehörte nicht nur der schreibenden, sondern auch der moderierenden Zunft an, was ihn wohl veranlasste, seine aktuellen Eindrücke über den Äther der letzten lokalen Radiosender – TalBach und NormalNull – zu übermitteln.

Wir waren auf ihn aufmerksam geworden, weil er gemäß der inzwischen chaotischen Stromversorgung im Wellensalat von zig Megahertz sich urplötzlich über unser Telefonino, das im vulgären Deutsch flach und abschätzig genannte Handy, meldete. Während ich meine Frau hartnäckig aufforderte, den Störenfried auszuschalten, hörten wir ihn und uns gleichzeitig auch auf Landeswelle StudioZwei. Als mir das Ganze zu bunt wurde, nahm ich schließlich Simone das Telefonino aus der Hand.

»He, wer sind Sie wirklich?«

»Ich? Ich bin Perry Norden.«

»Und was wollen Sie nun von uns? Wir haben keinerlei Funktion, kein Studio, keine Hotline, kein rotes Telefon. Sie sind einfach nur falsch verbunden! Mit den Langmuths!«

Die Stimme auf der anderen Seite des Äthers wurde in diesem Moment richtig schrill: »Also bitte! Verhalten Sie sich doch so, wie Sie heißen. Wenn ich schon keinen kompetenten Gesprächspartner in der Sendezentrale errei-

che, dann will ich wenigsten Sie überzeugen, die Öffentlichkeit über den Zustand hier zu informieren.«

»Ja natürlich!«

»Hier ist Land unter!«

»Wo denn? Wo ist Land unter?«

»Am Niederrhein, Herr Langmuth. Ich weiß gar nicht genau, wo ich mich im Augenblick befinde. Ursprünglich war ich darauf aus, am Rheinufer von Nierst erst einmal die Pegelstände an der Fähre bei Langst abzulesen. Aber inzwischen bin ich von den Wassermassen zu weit abgetrieben worden. Meine Spritvorräte gehen zur Neige. Ich lasse jetzt mal eine Leine, mein aufgeknotetes Abschleppseil mit dem Wagenheber ins Wasser, um die Tiefe der Überflutung auszuloten.«

»Stopp!«, brüllte ich ins Telefonino. »Mann, wir sind auch am Niederrhein!«

»Ja«, lachte der Mann irgendwie hysterisch, »das kann man nun schon gar nicht mehr so sagen. Es müsste eher Hochrhein heißen.«

»Nun, wenn wir Ihnen helfen sollen, dann müssen Sie uns schon sagen, wo Sie sich genau befinden.«

»Ich hab' Ihnen doch geschildert, dass hier nur Wasserwüste ist. Gucken Sie mal aus dem Fenster. Steht nicht bereits bei Ihnen das Wasser vor der Haustür?«

»Moment!«

Ich hechtete zum Wohnzimmerfenster, das immer einen fast romantischen Blick aufs Landschaftsschutzwäldchen am östlichen Erftufer mit leichtem Gefälle gewährte. Jetzt sah ich tatsächlich, wie unsere gelbe, recyclebare Abfalltrommel im überschwappenden Erftwasser dümpelte.

»Mensch, Norden!«, schlidderte ich an den Tisch zurück. »Sie haben recht. Aber helfen kann ich Ihnen trotzdem nur, wenn wir Ihren Standort klären.«

»Oje«, stöhnte der Mann in der Ferne, »ich kann bei dem heftigen Regen kaum noch den Horizont erkennen. Und die wie Zeigefinger aus dem Grau aufragenden Kirchtürme sehen alle gleich aus. Typisch Niederrhein!«

»Machen Sie's doch so«, forderte ich etwas naseweis, »wie die Kleinflugzeugpiloten in Cessnas oder Pipers, falls sie die Orientierung verloren haben.«

»Wie soll das gehen? Von Fliegen kann doch nun gar nicht die Rede sein. Ich habe ja nicht einmal ein Paddel und keine Schwimmweste.«

»He, Norden! Die Piloten suchen sich immer Bahnhöfe und lesen beim Überfliegen die Schilder. Die sind bestimmt höher angebracht als die Ortseingangsschilder, wenn denn nun alle Land- und Kreisstraßen ertrunken sind!«

»Gute Idee, Langmuth! Halten sie die Leitung offen, ich melde mich wieder!«

13

In unserer Gemeinde gab es im Gegensatz zu anderen Dörfchen doch noch einige Bauern. Denen passte natürlich das Abdriften der Pontonbrücken überhaupt nicht in den Kram. Hatten sie doch einige Schwarzbunte und auch Pferde auf den Weiden stehen.

Der Cousin des krummen Curt Spötter, des selbsternannten Predigers, Alfons Spötter genannt Flöns, konnte mit seinem Traktor nur wenige Meter weiter fahren, als unser Zaun ans Gefälle zur Erft reichte. Er klopfte bei uns, da die Klingel wegen des fehlenden Stroms nicht mehr funktionierte.

»Lothar«, sah er mich bittend an – und er durfte mich seit dem vorletzten Schützenfest so nennen und duzen – »ihr wohnt doch dichte am Fluss, deshalb habt ihr bestimmt ein Boot. Könnte ich mir das leihen?«

»Au Alfons! Wir haben so was nich'«, versuchte ich ihn zu trösten. »Aber komm doch rein. Ich rufe Herrmann an, den kennste ja!«

Trotz der Zusage an Perry Norden benutzte ich unser Telefonino, um Herrmann L. zu erreichen, weil das Normaltelefon an der Wand eben durch die Feuchtigkeit in derselben den Dienst versagte. Herrmann hatte als Limnologe ein Boot, wie erwartet, wohl eine Art Pflichtausrüstung, wie ich mein Taschenmesser und meine Brille besaß. Es stellte sich zwar heraus, dass es nur ein Gummiboot war, das rote, angesengte, jedoch wieder geklebte Schlauchboot, aufblasbar und mit derber Verschließkante ausgestattet, aber immerhin. Herrmann wohnte überdies an flutgeschützter Hanglage, so dass er sich in Unkenntnis der Sachlage in der Niederung sofort bereit erklärte, das Schiffchen vorbei zu bringen. Eine halbe Stunde später war er da!

Ich hielt nach dem Gespräch das Telefonino gleich wieder wie versprochen offen, und unvermittelt meldete sich auch tatsächlich unser Gewährsmann Norden.

»Langmuth? Sind Sie da?«

»O ja! Sind Sie's, Sie Rettungsschwimmer?«

»Mann«, stöhnte der offenbar Geplagte, »also spaßig ist es nicht mehr! Ich habe Ihre Empfehlung ernst genommen und die Gegend abgesucht. Augenscheinlich, im wahrsten Sinne des Wortes augenscheinlich habe ich eine Zuckerfabrik erkannt.«

Sofort blickte ich Alfons an: »Der Norden meldet sich aus ..., also ich weiß nicht, vom Ufer einer Zuckerfabrik. Du hast doch auch Rübenäcker?«

»Ja schon! Wer ist am Ufer der Zuckerfabrik Appeldoorn im Norden?«

»Lass man, Alfons«, nahm ich wieder das Telefonino ans Ohr, »hören sie, Norden, Sie sind wahrscheinlich in Appeldoorn, klingt holländisch. Ich gucke mir gleich die Karte an und melde mich. Wie ist Ihre Nummer?«

14

Spart den Sprit!« riet ich Herrmann und Alfons. »Wir pusten das Boot lieber nicht mit Motorabgas auf, sondern mit meiner Fußpumpe für Luftmatratzen. Wie im Urlaub.«

Die beiden teilten sich diese mühselige Arbeit, während die Dämmerung langsam über die um jede Ecke lugende Wasserfläche im Dorf kroch. Wenig später schaltete sich zwar die Straßenbeleuchtung noch ein, aber nur jeder dritte Peitschenmast.

»Sagen Sie, Herr Spötter, wie wollen Sie denn Ihre Tiere heimbringen?«

»Heimbringen? Will ich und kann ich gar nicht mehr, weil mein Hof, wissen Sie, die Ställe schon schwimmen. Ich möchte nur das Zaungatter öffnen. Die Tiere suchen sich selber den höchsten Platz. Und hätte ich nicht noch einen zugerittenen Hengst unter den Pferden, würde ich's ohnehin so lassen, wie es ist.«

Herrmann spielte den Fährmann, und Alfons Spötter war der Navigator. Noch lange sah ich ihnen nach, wie sie sich mit einer Taschenlampe den Weg in das uferlose Erfttal, eine Auenlandschaft wie vor vielleicht zehntausend Jahren, suchten.

15

Meine Frau kam in Gummistiefeln vor die Tür. Sie sah einigermaßen verwirrt aus.

»Was ist, Maus?«

»Nun ist auch unser Zuckervorrat im Keller feucht geworden. Ich wollte das restliche Obst einwecken. Und außerdem kriege ich aus dem Hahn im Hof kein Wasser. Oben in der Küche läuft gar nix mehr.«

»Im Hof? Ach so, die Stichleitung für den Gartenschlauch.«

Sie ächzte: »Jetzt haben sie uns das Trinkwasser abgestellt, weil da drüben genug Wasser lang rennt!« Meine Frau war den Tränen nahe. »Was nutzt es da, dass die Gasversorgung aufrecht erhalten bleibt! Waschen, und Körperpflege sind nun passé!«

Ich senkte die Augen, weil mich so ein komisches Gefühl überkam: »Komm lieber rein! Der Regen wäscht uns auch nicht klüger. Das muss nicht sein!«

»Ob's Astrid auch so geht? Ist überall in der Stadt so ein Chaos, Lothar? Soll ich sie mal anrufen?«

»Das Telefon geht doch nicht mehr!«, sagte ich barsch, während ich einige Kerzen anzündete.

»Gib mir bitte das Telefonino!«

»Ach, das sollten wir aber auch lassen! Solange es keinen Strom mehr gibt, können wir's nicht aufladen.«

»O Schreck! Die Kühltruhe habe ich ganz vergessen!«, heulte Simone auf.

»Lauf doch schnell zu Astrid, falls dich das beruhigen kann, aber behalte die Gummistiefel an!«

Kaum hatte ich das gesagt, dudelte der Telefonzwerg, die wohl letzte moderne Verbindung nach draußen in der anbrechenden Nacht der Nächte.

»Ja?«, meldete ich mich vorsichtig, weil ich sofort an den praktisch orientierungslosen Perry Norden dachte, aber von der besorgten, piepsigen Stimme meiner Mutter erschreckt wurde.

»Ich hab's schon mehrfach versucht, euch zu erreichen. Jetzt klappt's mit der anderen Nummer. Was ist denn bei euch los? Die Nachrichten sind ja schrecklich. Kommt doch lieber nach Lenggries!«

»Mutter«, sagte ich ungelenk, »wir haben nicht mal mehr Sprit. Und das Telefonino stellt auch bald seinen Dienst ein.«

»Junge, ich schicke euch Geld. Habt ihr euch etwa an der Börse verspekuliert? In Krisenzeiten sollte man vorsichtig sein!

»Nein, beileibe nicht! Das Wasser ist Schuld.«

»Mein Kundenberater von der Hypo«, holte meine Mutter belehrend aus, »rät mir immer zu Automobilwerten und der neuen Technologiebörse. Besser scheinen noch die Energieaktien zu sein!«

»Danke für deinen Rat, aber ich muss mich unbedingt um den Gefrierschrank kümmern. Tschüss, bis bald! Wenn's das Wasser zulässt!«

16

Alfons Spötter trapste triefend in unseren Hausflur. Er war aus der Dunkelheit der Wasserwüste aufgetaucht und stand plötzlich wie Neptun im Kerzenschein des Treppenaufgangs.

»Herrmann hält das Boot fest. Wir hatten die Vinzenzbrücke erreicht, die auch aus den Widerlagern gehoben wurde. Sie schwimmt. Hängt aber an überhängenden Holunderbüschen und wilden Rosenhecken fest. Herrmann meint, sie schwimme auf der eigenen Luftblase«, berichtete der Bauer atemlos.

»Ja, kann ich mir denken! Und was habt ihr euch jetzt ausgedacht?«

»Ganz einfach! Wir könnten mit dem Boot die schwimmende Brücke an eine für mich geeignete Stelle ziehen, aber wir brauchen deine Hilfe.«

»Wohin wollt ihr die schleppen?«

»Na, du verstehst schon, damit ich wenigstens, wenn sich das Wetter gebessert und das Wasser verlaufen haben, an einer günstigen Stelle wieder direkt auf meine Weide könnte!« gab der Landwirt schlitzohrig zu.

»Aber die schwimmt auch, falls das Wasser weiter steigt, anschließend wieder weiter!«

»Meinst du, das Chaos hat nicht bald ein Ende?«

»Genau! Aber lass mich mal nachdenken! Wir müssten wie in Texas in die Mitte der Brücke ein Loch bohren, damit die Luft entweichen kann. Dann sinkt sie und liegt fest oder geht sogar unter. Ich habe noch eine batteriebetriebene Bohrmaschine mit Betonbohrer. Versuchen wir's.«

Ich streifte meine Anglerhose über und watete mit Alfons bis zu Herrmanns Boot hinaus. Obwohl es eine wolkenverhangene Regennacht war, erreichten wir die wackelnde Brücke und das buschige Inselchen im endlosen Wassertal, wo vielleicht noch vorige Woche die Schönberg'schen Weiden für Zug- und Reitpferde gelegen haben mochten.

»Wo willst du den Brocken hinhaben?« fragte ich den Bauern spöttisch, nachdem ich festgestellt hatte, dass wir überhaupt nicht in der Lage sein würden, den Betonklotz zu bewegen.

»Stromaufwärts, wo die drei Weiden stehen. Hier ist Schönbergs Besitz, dem gönn' ich's nicht.«

Wortlos setzte ich zur Probe meinen drahtlosen Bohrer an. Nach vielleicht drei Sekunden quietschte der Steinmeißel und ließ sich gerade noch herausziehen. Unsere Taschenlampe flackerte schon bedenklich, um einem richtig mulmig werden zu lassen.

»Mein Vorschlag hat keinen Sinn. Mit Naturgewalten lässt sich eben kein Pakt gestalten, geschweige denn verwalten!«, löste Herrmann L. fast eine Panik aus.

»Wir kehren um«, bestimmte ich befehlsartig, weil mir das Regen- und Flusswassergemisch schon um die Gürtellinie wirbelte.

17

Aus dem pechigen Himmel erfasste uns ein Scheinwerferkegel unter der Begleitmusik von ohrenbetäubendem Hubschrauberlärm: »Hier spricht der Katastrophenschutz. Sind Sie in Not? Wenn ja, dann breiten Sie die Arme aus!« – Wir taten außer Paddeln natürlich nichts.

Der Himmel brummte weiter, und der Scheinwerferkegel pendelte über Büsche und Baumkronen: »Verlassen Sie die Strömung! Ab 22 Uhr gilt Ausgangssperre.«

Dann drehte der Quirl in Richtung Holzheim ab.

Herrmann ächzte und meinte, dass er schon die zweite Blase vom Paddeln bekommen hätte. Und Alfons schimpfte in die Nacht, weshalb die da – wen er auch immer damit meinte – nicht eher und rechtzeitig Flugblätter abwerfen oder mit hochrädrigen Lautsprecherwagen in allen Straßen Durchsagen machen konnten, anstatt! Anstatt! Na ja!

18

Simone trafen wir an unserem Gartentor. Sie wirkte durchaus aufgelöst, ohne jedoch völlig durchnässt zu sein. Sie war aber noch gefasst.

»Die Astrid hat's besonders schlimm erwischt. Ich war soeben bei ihr. Ihr Mann ist auf Montage in der Eifel, wie immer, wenn's brenzlig wird. Und seit heute wird es problematisch, die Babynahrung zuzubereiten, falls das Trinkwasser nur noch in Flaschen ausgegeben wird. Was unternehmen wir?«

Herrmann überließ uns sein Gummiboot, angebunden am Wäscheleinenpfosten.

Er verabschiedet sich aber bestimmt und kurz: »Ihr habt doch Verständnis, dass ich mich um meinen Besitz auch kümmere, obwohl ich nicht glaube, dass der Quatsch bis an den Berg steigt.«

Alfons Spötter pflegte immer noch seinen Humor: »Es sei denn, Wasser fließt den Berg hinauf. Wer weiß, was in diesen Tagen noch auf uns zukommt. Bis zum Hals steht's uns ja schon!«

Das verdatterte Gesicht des Limnologen war nicht zu beschreiben. Als Simone und ich schließlich alleine waren, mussten wir erst einmal unsere völlig heruntergebrannten Kerzen auswechseln. Sonst hätten wir im Dunkeln gesessen. Und irgendwie zeigte sich, dass sich Feuer auch auf diese Weise nicht mit Wasser vertrug. Absolut gesehen, nicht nur relativ, saßen wir im Dunklen, nicht unbedingt aber auf dem Trocknen, und fühlten, dass sich mit diesem Paradigma unsere Hilflosigkeit prima ausdrücken ließ.

Ja, so war es! Hilflos waren wir. Allein waren wir beide auch. Und wenn hundert Menschen um uns zusammengekommen wären, hätte sich daran nichts geändert. Und dennoch war unser Beisammensein in dieser feuchten Nacht provokant undramatisch. Draußen regnete es stetig. Vermutlich dehnte sich derweil die Wasserwüste über ganz Mitteleuropa aus. Aber wahrscheinlich war der Regen gar nicht so entscheidend, weil die Pole weiterhin ungehindert abschmolzen, mit laut kalbenden Gletschern Eisberge auf den Weg vor die Küsten schickten. Und dann bestand uns noch ein neuer Winter bevor, ein warmer oder zumindest milder, wie sich aus Rotterdamer Berichten unschwer folgern ließ. Was sagte uns dazu der hundertjährige Kalender? Und was las man bei Nostradamus? Würden die Kamele bald aus dem Rhein trinken?

In diese Tristesse dudelte das Telefonino.

Perry Norden meldete sich verschnupft: »Gibt es Sie noch? Ich habe mehrfach durchgewählt. Meine Batterie ist bald leer.«

»Wo sind Sie, Norden?«

»Weit im Norden von Ihnen! Und wie ist die Lage jetzt im Süden?«

»Ausgehverbot, Rationierung. Feucht, sozusagen alles in nassen Windeln. Und helfen können wir Ihnen auch nicht mehr. Wir haben nicht einmal mehr eine Redaktion anrufen können. Hallo? Hallo?«

Eine weitere Konversation fand nicht mehr statt.

19

Die kalte Unruhe trieb uns sehr früh aus den Federn. Trotz Gasheizung war das Haus sehr kühl und klamm, weil der Zündstrom für die Gasheizung wahrscheinlich nur für wenige Stunden entsprechend den Stromsperren eingeschaltet wurde. Mein besorgter Blick wurde von der blitzblanken Wasseroberfläche hinterm Haus reflektiert. Vorm Haus waberte die dreckige Flut, in der Laub, Kippen, mindesten zwei ertrunkene Ratten und offenbar auch weggeworfene Windeln transportiert wurden.

»Sag mal, hat Astrid noch Leitungswasser im Allgemeinen? Oder im Besonderen einen mit Regenwasser funktionierenden Toilettenspülzulauf? Ihr Mann hat doch so'nen Bastelfimmel!«

»Ich glaube schon! Weshalb?«

»Verspürst du denn keinen Drang, keinen allzu menschlichen?«, quälte ich mich schon gegen meinen wachsenden inneren Druck.

»Wieso? Ich war doch schon.«

»Und wo hattest du das Wasser her?«, staunte ich nicht schlecht.

»Es reicht doch bis in unseren Hof. Ein Eimer genügt!«

»Aber Maus, es ist zwar kein sehr appetitlicher Gesprächs- und Lehrstoff vor dem Frühstück, aber wir müssen darüber sprechen wie über die Flussbettfrage. Weil die Abwasserleitungen mit dem Oberflächenwasser durch kommunizierende Rohre verbunden sind! Unmittelbar. Bei Überflutung ist das so. Verstehst du?«

»Nein!«

»Es handelt sich dabei um den genau gegenteiligen Vorgang wie beim

Verbleib des Wassers in seinem Bett. Der Mist läuft überall hin. Komm mal!«

Sie folgte mir ans Fenster im ersten Stock an der Straßenfront, und ich zeigte ihr die dahinströmende Latrinenlawine.

»Und drüben bei Astrid ist das anders wegen der Regenzisterne?« stocherte meine Frau sehr schlau herum.

»Selbstverständlich! Die wohnen doch ein ganz schönes Stück höher als wir. Gemäß der Wissenschaft der Rheologie«, versuchte ich, die Klippen der Brandung zu umschiffen, »herrscht da ein besseres Gefälle. Es suppt alles zu uns rüber!«

»Wenn ich dich nicht hätte!« machte sie sich nun über mich lustig.

20

Kuno, Astrids Mann, – das wusste ich auch – war Hobbyfunker. Bei der für mich fälligen Morgentoilette erhoffte ich deswegen, in seinem Haus so nebenbei die letzten Informationen über die aktuelle Lage an der Wasserfront abfragen zu können. Bei uns konnte ich das Klo wohl nicht mehr benutzen, und Astrid würde sich bestimmt über Ablenkung durch uns freuen. Und außerdem wollte ich die Kröten, die üblicherweise bei großer Sommerhitze am Kellereingang kampierten und sich nun deutlich sichtbar vor der Flut auf den Kieselsteinhaufen im Hof geflüchtet hatten, nicht durch das nötige Wasserschöpfen stören.

Da der Kerl, Astrids Mann, aber immer noch irgendetwas Großes, Schweres, Dickes in der Eifel montierte, war seine Funkeinrichtung natürlich nicht in Betrieb. Aber! Sie war mit einem kleinen Notstromaggregat verbunden, damit er sich bei seinen hochfrequenten Experimenten bis nach Namibia oder Bali nicht von schlechten und unzuverlässigen Stromquellen des Versorgungsmonopols abhängig machen musste.

»Mädchen, du weißt, wie man das Richtfeuer anschmeißt?«, löcherte ich die junge Mutter.

Astrid sah mich unsicher an: »Lothar, bei Kuno dauert es immer eine gute halbe Stunde, mit allem Brimborium, ehe er auf Sendung ist. Ich drücke eigentlich nur auf den Starter, und dann läuft das Ding. Aber die Wellen, die zutreffenden, die weiß ich nicht auswendig!«

Wir drei drückten den bewussten Knopf. Und der gesamte Apparat begann zu leben, zu funkeln, zu summen, und nach etwa zwei Minuten gab er ein schlichtes Däät-Däät-Däät von sich. Man konnte vermuten, der Betriebskopf hätte seine Ohren nun richtig angewärmt und horchte angestrengt über unsere Wasserfläche, unseren Ozean. Der kleine Punkt im Oszillogramm flackerte noch ein bisschen, aber nur so lange, bis ich ihn auf das grüne Kreuz in der Mitte des Displays eingestellt hatte.

»Four five eight, dash, Kongo, Zulu!«

»Und hier spricht Langmuth, Lothar!«

»Who is Langmuth, in Lothringen?«

»Langmuth means, dear Sir, wait a moment«, und ich griff mir schnell Kunos Englisch-Lexikon. »Langmuth heißt forbearance. Wir leben vollständig im Wasser. Dazu braucht man auch Langmut, forbearance, Sir! Und wer sind Sie?«

»Well, young man! Wir leben auch im Wasser. Es steigt und steigt. Das Massa Riff ist völlig überflutet.«

»What is your name?« fragte ich sehr langsam, obwohl die Verständigung nichts zu wünschen übrig ließ.

»Ich bin Ndiyo, lebe right now im Großraum der Seychellen, auf Diego Garcia im Indischen Ozean.«

»Stopp! Mein Freund, wo liegt das genau?«

»Im Wasser, Langmuth! Und es steigt und steigt. Flooding is our problem. We need help. An den Strand schwappt die dreckige Flut mit dem Laub, den Kippen der letzten deutschen Touristen, für die ich arbeite, zwei ertrunkenen Ratten und weggeworfenen ... Hilfe brauchen wir!«

»Dear Ndiyo, falls ich das richtig ausspreche: Uns ist auch nicht mehr zu helfen!«

»Doch, doch! So wie mein Name Ndiyo ein schlichtes Ja bedeutet! Nicht aufgeben!« schrie der Lebensbejaher Ndiyo über den großen Ozean.

21

Von weither, aus dem heißen Äther bekamen wir also auch keine gute Auskunft, aber einen aufmunternden Klaps auf die Schulter. In unserer unmittelbaren Umgebung jedoch tat sich nichts. Flooding, das Überfluten, war und blieb auch unser Problem. Eine dreckige Flut von Laub, schwimmenden Kippen, ertrunkenen Ratten, weggeworfenen Windeln und Klopapier.

»Ihr beiden Frauen, ihr seid gefragt. Denn offenbar bringen die rein männlichen Stäbe um den Bürgermeister, im Katastrophenschutz, bei der Feuerwehr und im Regionalkrisenrat nichts Gescheites zustande.«

Meine Aufforderung wurde durch lautes Fahrgeräusch gestört. Ein Gullisaugwagen machte sich mit seinem starken Rüssel über die nicht mehr erkennbaren Abflusslöcher in der Straße her.

»Lauf doch runter, Lothar, und frage die Leute!«

Ich spritzte in Gummistiefeln wie eine Wildsau schräg über die mit Jauche und Exkrementen geflutete Straße zum Saugwagen des nichtstädtischen Lohnreinigers. »He, Männer! Meint ihr, dass ihr damit des Übels Herr werdet?«

Die Orangemänner starrten mich an.

Einer raffte sich auf: »Wat willste, Chef? Eure Straße is' heute dran. Morgen sind wir planmäßig da drüben.«

Er deutete in Richtung der Spötter'schen Weiden.

»Paul«, unterbrach ihn der Fahrer des schnorchelnden Wagens, »wenn nicht wieder so viele ersoffene Schweine und Kühe zuvor abtransportiert werden müssen!«

Der, der den dicken Schlauch gerade wieder in die Pampe absenkte, tippte mir noch auf die Brust: »Ihr solltet euch wegen der Seuchengefahr Mullbinden vors Maul binden, Babywindeln tun's auch!«

22

Weil es bei Astrid dank Kunos allgemeinem Bastelfieber eine Kaminstelle gab, luden wir uns selber ein, noch eine Weile zu bleiben. Nein, beileibe nicht selbstherrlich und besitzergreifend, dennoch mit gewisser Berechnung. Kalte Füße und klamme Hände in den ausgekühlten Räumen unserer Hütte waren halt kein Vergnügen, am wenigsten am Wochenende, das uns bevorstand. Glücklicherweise hatte Kuno von seinen vorletzten Montageaufenthalten in der Eifel und Umgebung immer einige Pakete Kaminholz angeschleppt. Etwas Gutes hatten seine Expeditionen also doch!

Plötzlich klingelte es Sturm. Es geschah zu dem Zeitpunkt, als sich der Qualm des Feuerchens verzogen hatte, der entstanden war, weil sich durch die Tiefdruckwetterlage das dicke Regenpaket direkt auf Astrids und Kunos Schornstein gehockt hatte. Draußen stand, wie uns Simone mit Geschrei mitteilte, ein hustender Postbote. Und er hatte mit dem überzeugten Unterton der großen Bedeutung seiner Person in der Stimme bald erklärt, dass neben der üblichen Postzustellung von heute an auch die Verteilung der geschwind von der Stadtverwaltung hektographierten Flugblätter zu seinen Aufgaben gehörte.

»Was haben die uns noch zu melden?«, maulte ich ins Treppenhaus, bevor ich die Haustür unserer Freunde erreichte. »Ach, Tagchen! Herr Langmuth! Der Rat der Stadt und die Bürgermeisterei empfehlen, Wasser abzukochen, Vorräte anzulegen, sparsam zu heizen, die Straßen nicht durch Parken zu blockieren. Und so ähnlich!«

»Heute?«, fragte ich nicht unbedingt doppelsinnig und zynisch.

»Und ob! Herr Langmuth, Sie sind doch im Ruhestand! Tun Sie mir einen Gefallen?«

»Wenn ich nicht gerade das gesamte Wasser aufwischen muss, durchaus!«

Er reichte mir einen Packen Zettel: »Könnten Sie nicht die restlichen Waschzettel im unteren Viertel verteilen? Ich komme heute nicht mehr soweit. Übrigens, hier ist Ihre Tagespost und die Zeitung.«

Mit seinem schlammigen Fahrrad drehte er ab und zog sich die Regenkapuze vom kahlen Schädel, weil dem Regen soeben mal das Wasser ausgegangen war.

23

Zuerst war es mir gar nicht aufgefallen. Dann jedoch stach mir der ungewöhnliche Zeitungstitel ins Auge: ›Nasse Rhein-Zeitung‹.

Und bei dieser so genannten Notausgabe handelte es sich um ein schmalbrüstiges, einfaches Faltblatt. Blaue Überschriften und schwarz auf weiß die Nachrichten, Aufrufe, ein Kommentar, ein Hubschrauber-Luftbild, grau in grau, und eine Wetterkarte. Dieses sonst von Wellenlinien und T- und H-Inseln überzogene Bildchen zeigte aber nicht ganz Deutschland,

CLERMONT

eingebettet ins mitteleuropäische Staatenmosaik oder umspült von Nord- und Ostsee, sondern nur einen viel kleineren Ausschnitt zwischen Groningen in Holland bei 6,5° östlicher Länge und Bremen mit 8,5°. Von Aachen quer bis maximal Bielefeld.

Aus diesem Karo ragten nur noch der Hümmling, die Dammer Berge und natürlich das Tecklenburger und Teutoburger Hügelland heraus. Na, noch die Hohe Mark, die Bönninghardt, die Beckumer und die Vollrather Höhen. Überdies entdeckte ich neben dem sparsam angelegten Kartenausschnitt einen Augenzeugenbericht, der mit PN signiert war. Wenn es sich dabei um den gewässerten Perry Norden handelte, dann war er mit letzter Kraft aus dem Hochrhein-Tal – Pardon: vom Niederrheingebiet – bis nach Arnheim abgedriftet und dort von Schutzleuten aus dem Rheinarm Neder Rijn, der später flussabwärts Lek genannt wird, gegen Mitternacht aufgebracht, also gerettet worden.

Der Bericht machte ohne Pathos, gemeinsam mit dem Land-Unter-Wetterkärtchen, klar, wie weit sich die Nordsee ins Land gedrängt und die süßen Wasser Europas, die von der Ellwanger Wasserscheide allesamt nach Norden fließen, geheiratet, sprich verschlungen hatte.

Und noch einen Hinweis gab es: Dass sich die Welt verändert hatte! Aus Hamburg, Bremen, Hannover, Münster, Schwerin, Berlin und, und, und wurden keine Tages- und Nachttemperaturen mehr bekannt gegeben. Eine Wettervorhersage übrigens auch nicht!

Nur einen seltsam nüchternen Satz stellte die Wetterredaktion ans Ende des klapprigen Textes mit den Mondphasen: »Aktuelle Wetterdaten sind aus Irland, Dänemark, Großbritannien, Belgien und Holland nicht verfügbar.«

24

Ich las diese Mitteilung erst zweimal, bevor ich mich dann aufraffte, sie den beiden Frauen vorzulesen. Sie wickelten gerade vergnügt das Baby. Nach dieser Nachricht war das Kind der einzige Mensch in dieser Runde, der noch lächelte.

»Wer hat daran schuld?«, löste Astrid unsere Anspannung, ohne bestimmt eine Antwort zu erwarten.

Schultern zuckend machte ich nur meiner Nase Luft, indem auch ich auf eine Antwort verzichtete und laut niesend eine heranziehende Erkältung ankündigte. Nur die Packung Waschzettel von der Verwaltung hielt mich ab, zu Kognak oder Whisky in Kunos Vorräten zu greifen. Ich wollte nicht Schuld sein, wenn ... sondern wenigstens durch zügiges Verteilen meinen Beitrag zur Bekämpfung des Chaos leisten.

25

Eine ausgespülte Kirschwasserflasche hatten wir uns von Astrid mit gutem, stillem Mineralwasser füllen lassen, damit wir uns vorm Schlafengehen die Zähne putzen konnten. Meiner Meinung nach wäre es zwar nach meinem strapaziösen Rundgang auch mit Wodka gegangen, mit der dem Wasser schon durch den Namen so verwandten Flüssigkeit. Aber diese Idee war meiner Holden nicht sehr willkommen, weil sie nicht zulassen wollte, dass ich meinen Kummer nun noch in Hochprozentigem ertränkte.

Das Zähneputzen tat mir irgendwie gut. Zumal ich mir im unteren Viertel des Dorfes beim Verteilen der Zettel den Mund fusselig geredet hatte. Aber all der gefälligen Worte Quintessenz blieb schlicht nur das eine Wort: Katastrophe!

Jeder in unserem nassen Dorf fühlte sich allein gelassen. Trotz des Endes des Landregens lief das Wasser nicht mehr ab. Es stieg immer noch unaufhaltsam, millimeterweise, aber stetig. Und die eine oder andere Familie mit verwandtschaftlichen Kontakten nach Niedersachsen oder ins westliche Friesland berichtete mir, als ich an ihre Haustür klopfte, dass die von dort oben auf der Flucht in den Harz, ins Wiehengebirge und ins Hochsauerland wären. Alle Habe hinter sich lassend. Die Ernte nass und faulig. Kälber und Hühner ertrunken. Und wenn es an Gasolin oder Diesel schon mangelte, wären die Pferde wieder angespannt worden. Einige wären auch in die Ardennen abgehauen, alle die, die nicht in den abgetauchten Gehöften, Häusern, Fabriken und sonst wo in der weiten Wüste des Nordwassers ausharren wollten.

Morgen, beschloss ich nach diesen nachhaltigen Eindrücken, aufs Dach unseres Hauses würde ich steigen und Ausschau halten, ob auch bei uns Trecks der Verdrängten ankämen. Leute, die vielleicht die Höhenzüge der Ville und der Eifel anstrebten. Aus Lingen, Kleve und dem nahen Krefeld am hohen Rhein.

Aber jetzt doch noch vorm Schlafengehen zum Trost ein Schlückchen Wodka! Wässerchen soll's auf Russisch bedeuten. Ein trauriges Prost. Zum Trost!

26

Erstaunlicherweise schlief ich traumlos. Oder doch nicht? Hatte ich nachts von der Eiszeit fabuliert, die die glatte, ruhige und betrüblich endlose Wasserebene erstarren ließ? Wer Schlittschuhe hatte oder einen Schlitten, der rutschte in meinem Traum über die glitzernde Fläche unter melancholischem Mondschein. In den Fenstern der verlassenen Häuser blühten still die Eisblumen. Und der seltsame Traum erinnerte mich an ein bemerkenswertes Bild Pieter Breughels. Oder wer hatte diese harmlose Idylle vor einigen Jahrhunderten vorausgeahnt und so drastisch ausgemalt? Und nun in mich projiziert?

Oben im Dach hatte ich vor einigen Jahren eines der Velux-Fenster mit Kippgarnitur vergrößern lassen, damit der beleibte Schornsteinfeger etwas bequemer seinen Rundbesen und sich selber hindurchzwängen konnte. Auch Gasheizungen müssen zuweilen gekehrt werden, wegen des Energiesparens und der Umwelt. Für mich war es also auch sehr praktisch, wie der Türmer aufs eigene Haus zu klettern, um Ausschau zu halten.

Wo in aller Welt würde denn Hilfe herkommen? Hatten wir noch eine Chance? Hatten wir je Chancen gehabt? Glaube, hatte man mir früher eingetrichtert, könne Berge versetzen. Würde er aber auch Täler vom Wasser befreien, so wie es der schlichte Vetter von Alfons Spötter mit seiner spontanen Bibelstunde versuchte hatte?

Rittlings saß ich wenig später auf unserem First. Und so weit ich sah, war tatsächlich alles vereist. Der Raureif hing an den halb getauchten Bäumen. Und mich hätte in diesem Augenblick nichts mehr erstaunt, als eine Taube auf mich zusegeln zu sehen, die vom nahen Stadtpark hergeflogen wäre, im Schnabel ein Platanenblatt oder eines der Linde, und sich neben mir auf dem Schornstein niedergelassen hätte. Wie einst bei Noah!

Leider geschah das nicht. Niemand tat etwas.

Was aber mochte gerade bei meinem neuen Freund Ndiyo auf Diego Garcia bei den Seychellen getan werden, um unser aller Flut Herr zu werden? Was geschah in Bangladesh, auf den Malediven, in Kambodscha, auf Yukatan, im Golf von Mexiko und an allen anderen flachen Stränden und Küsten? Wo baute sich morgen wieder eine Tsunami auf? Wenn er sich am Niederrhein endlich ausgetobt hatte?

27

Mir kamen erhebliche Zweifel, ob nicht vielleicht alles damit angefangen hatte, dass ich die Frage nach dem Verbleib des Wassers im Flussbett nicht so eindeutig beantworten konnte oder ich unser Heißwassergerät unzureichend säuerte und Dank meiner unerkannten Überheblichkeit auch noch verkehrt reparierte? Vielleicht die falsche Dichtung nicht genau passend einsetzte und den Haupthahn zu lange abstellte? Vielleicht ...

»Lothar«, rief mir meine Frau unten aus dem Kippfenster zu, »wenn du eine Tasse Kaffee möchtest, dann kann ich noch ein bisschen Wasser beschaffen. Zwischen dem abgestellten Haupthahn im Keller und dem kaputten Wassersieder steht bestimmt noch genug in der Leitung. Wie im Flussbett, wo das Wasser auch ... Du weißt ja.«

»Wo liegt die Rohrzange?«